WHERE'S MONEY

WEALTH MANAGEMENT MARKET
IN CHINA

钱去哪了

中国理财产品市场发展与评价
（2013~2017）

大资管框架下的
资金流向和机制

殷剑峰 吴建伟 王增武 等／著

社会科学文献出版社
SOCIAL SCIENCES ACADEMIC PRESS (CHINA)

主 | 要 | 作 | 者

殷剑峰，2016 年 10 月调离中国社会科学院金融研究所，任对外经济贸易大学金融学院教授，同期被聘为国家金融与发展实验室副主任和浙商银行首席经济学家，学术兼职包括中国保险行业协会首席金融专家、中国金融学会中国金融论坛成员、中国城市金融学会常务理事和学术委员会委员、中国世界经济学会常务理事等。享受国务院"政府特殊津贴"，曾荣获"孙冶方经济科学奖"（第十二届）和"胡绳青年学术奖"（第四届），多次获得中央部委颁发的科研成果奖。2013 年入选国家"百千万人才工程"国家级人选，并获"有突出贡献中青年专家"荣誉称号，2017 年入选对外经济贸易大学"惠园特聘教授"。

吴建伟，浙商银行副行长。硕士研究生、高级工程师。曾任中国农业银行浙江省分行信息科技部应用开发一科副科长、门市开发科科长、部主任助理，数据运行中心副主任，电子银行处副处长（主持工作）、电子银行处处长，电子银行部总经理，中国农业银行温州分行党委书记、行长，中国农业银行内蒙古自治区分行党委委员、行长助理，浙商银行行长助理。

王增武，理学博士，2007 年毕业于中国科学院数学与系统科学研究院，现为中国社科院金融所副研究员、国家金融与发展实验室财富管理研究中心主任，曾在 *Insurance: Mathematics and Economics*、*Annals of Economics and Finance*、《金融评论》和《经济社会体制比较》等期刊上发表学术文章多篇，参与编写《中国理财产品市场发展与评价》系列丛书。

序 言 一

信用最重要

国家金融与发展实验室理事长　李　扬

　　殷剑峰博士及其研究团队经过几个月的紧张工作，完成了这部名为《钱去哪了：大资管框架下的资金流向和机制》的专著。这部专著提供了一个分析全社会信用总量的框架，并据以对我国全社会信用总量进行了统计和估计。根据研究计划，今后，国家金融与发展实验室将依据这个理论框架，定期统计并公布我国信用总量、结构及其变化，用之分析我国的宏观金融问题。

一、一项有价值的工作

　　这项工程浩大的理论研究可以追溯到十余年前的一项课题。那时，如今被称作"影子银行"的诸种信用创造活动，刚刚开始在我国正规金融体系的边缘以"银行理财产品"的名义生长。那时，政策的氛围同目前截然不同——如今，监管当局正致力于将"表外""场外""线上"的所有金融活动拉回表内、场内和线下，并施以统一的严格监管；而十余年前，大力发展表外、场外和线上金融活动，成为所有银行和非银行金融机构实施战略转型的主要方向，在政策层面，这些活动在彼时得到的是如同今天"双创"那样的鼓励。

　　当时我们就敏感地认识到，中国金融的进一步发展，可能就在这些变革中酝酿。于是，2005 年，我们成立了中国社会科学院"理财研究中心"，专事于此类研究。后来，几经变化，这一中心最终定型为如今的"财富管理研究中心"（以下称"财富中心"），成为国家金融与发展实验室的支柱之一。

　　最初的工作是对各银行金融机构提供到市场上的理财产品进行评估，并以评价报告的形式向社会公布。记得那时，剑峰和增武经常同我提到，他们解构了当时几乎所有银行发行的理财产品且发现甚多，其中令人担忧的发现就是，那些自诩为"创新"的理财产品，其实大都是"高息揽存"的变种，且有虚假陈述的问题，尤其是这些产品允诺的高收益，更是难以兑现。另外，这些理财产品的条款复杂且陷阱重重，使得投资者很难保护自己的权益。

　　财富中心的工作很快就得到社会的广泛关注和认可。从事相关业务的各类金融机构、广大投资者和研究界逐渐将财富中心的定期成果作为开展业务、进行投资决策和理论研究的重要参考，货币当局和监管当局的主要领导也发现了此项研究的理论和实践价值，并要求财富中心定期向他们报送研究材料。

　　接着就爆发了2008年全球金融危机的冲击。自然地，影子银行，作为引发危机的"祸水"，也引起了国人的关注。

　　最初，人们沿着惯性的思维路径，拿这个新近"舶来"的概念"套"中国的实践。然而，经过深入研究后发现，影子银行，作为以发达资本市场为基础的金融创新和金融自由化的产物，在我们这里并没有非常良好的生长环境。因此，那些以影子银行之名推向市场的各类新产品，多数只是披着新衣的传统银行和传统金融活动。质言之，如果说在美国，影子银行的发展是"脱媒"趋势的续篇，其所引导的资金流动是"从银行中来，到资本市场上去"，那么，在中国，理财产品云云，多数只是传统金融活动的变种，其所引导的资金流动则是"从银行中来，回到银行中去"。

　　认识及此，财富管理中心围绕我国的影子银行以及相关的最新发展，开展了一项意义重大的研究工作，并于2013年形成了由殷剑峰和王增武博士领衔的专著《影子银行与银行的影子》（以下称"影子"）。

　　在理论上和实践上，"影子"都可圈可点。其主要贡献，一是以"银行的影子"这一极具冲击力的概念，揭示了我国大量"金融创新"实际上仍在从事传统银行业务的本质；二是确认了信用研究在目前和今后金融研究中的核心地位。作者在这两方面的探讨，为我们分析当前及未来高度复杂且越来越复杂的金融现象提供了有价值的分析框架。

　　关于中国影子银行的发展，"影子"尖锐地指出：当下中国各种"金融创新"，多数只是"新瓶装旧酒"。事实上，最近几年风生水起的"互联网金融"等，多数也不脱此窠臼。只要看一看那些自称的"新金融"们，凡有机会便试图"建立资金池"、发放贷款或变相发行各类证券的事实便知，所有这些活动，其主要动力和目的都是"监管套利"。因而它们除了将我国的金融上层建筑越搞越复杂，越搞越膨胀，并不断推高利率水平、增加纯粹流通费用和交易成本之外，还有意无意地引导了一个金融"脱实向虚"的进程。

　　做了如此"穿透"式分析之后，我们不难发现，近年来我国的金融乱象，仍然是典型的体制现象。造成这种状况的根本原因，就金融发展状况而论，在于我国的金融市场尚不发达；就体制机制而言，在于我国金融管制仍相当僵硬，以及监管框架的不协调。了解了中国影子银行与互联网金融（后者中的很多活动也可被视为影子银行）这一复杂特点以及深藏其后的体制机制弊端后，我们也不难理解，自2015年7月开始的十部委联合展开的互联网金融整顿，为何至今仍未结束；同样我们也不难理解，2017 年 4 月 25 日中共中央政治局以维护国家金融安全为主题的第四十次集体学习会上，习主席为什么把当前及未来一段时期我国金融监管的重点置于金融市场和互联网金融上。

"影子"的另一重要贡献，就是用 21 世纪以来全球以及中国金融结构变动的事实，凸显了信用在金融运行中的重要地位。作者不仅对一个过去人们很少使用的概念——信用进行了界说，定义了"信用总量"的统计分析概念，而且运用这一概念和分析框架，对十余年来全球以及我国宏观金融的运行，给出了令人信服的新解释。

二、信用与货币

研究信用，首先要辨析信用和货币的关系。

关于信用和货币、信用创造和货币供给之间的关系，历来就有两种逻辑不同的分析思路——信用的货币理论（monetary theory of credit）和货币的信用理论 (credit theory of money)。

信用的货币理论认为，货币先于信用而存在，因此，定义货币是分析信用的前提。其分析逻辑，首先是给出货币的适当定义，考察经济交易过程中商品流和货币流的关系，然后从中提炼出货币、准货币直至信用的定义并厘清它们之间的区别和联系。作为一种货币分析框架，信用的货币理论试图解释各类货币工具（货币和准货币）在交易过程和中介过程这两个分离的过程中所扮演的角色及其相互联系。在现实中，信用的货币理论曾长期主宰金融理论界，并塑造了以货币分析为核心的理论体系和以货币及利率为主要调控对象的货币政策体系。

货币的信用理论则相反。它认为，在人类社会中，信用作为一种要求权（claim），早在 5000 年前便已存在，而自那以后的数千年里，货币还在为寻找其固定的实现形式上下求索。事实上，最早的货币制度——金本位制只是在 1819 年英国通过《恢复现金支付法案》（*Act for the Resumption of Cash Payments*，1819）时方才建立。因此，从历史的和逻辑的关系上看，信用都先于货币。而且，信用是解释银行、货币及实体经济之间内在联系机制的核心概念。事实上，在现代中央银行产生之前，如今我们熟知的环绕货币供求展开的理论分析框架还不存在。因此，长期以来，学术界对金融与实体经济关系的探讨，集中围绕信用创造机制展开。在这个意义上，信用创造理论是现代货币供给理论的前身。古典经济学家如瓦拉斯、麦克路德、魏克赛尔等，以及当代最优秀的经济学家，如斯蒂格利茨（Stiglitz）、格林沃尔德（Greenwald）、伯南克（Bernanke）等，都持此论。

货币是信用的一种，但信用并不依赖货币而存在，足见信用先于且相对独立于货币而存在。信用对货币的优先关系，还可通过研究信用和货币相互生成的关系加以分析。现实中，存在着两种状况。一种状况是，信用创造直接造成货币流量和存量同时增加，在这种情况下，是信用创造货币；另一种状况是，信用创造并不改变货币存量，但加速货币的流通，从而增加货币流量，在这种情况下，信用的产生并不相应地创造货币。这更证明了信用对于货币的优先地位。

我们之所以用一定的篇幅来讨论信用和货币的关系，是因为本轮全球金融危机以来，世界各国相继出现了货币与信用的走势相分离的现象。信用的变化决定着经济的恢复及其走势，而仅仅依托以调控货币为核心的传统的货币政策框架，显然难以应付因影子银行野蛮生长所带来的信用膨胀局面。

三、信用创造的载体：银行、非银行金融机构、影子银行

货币由信用驱动，而信用规模由实体经济发展的内在需求决定。在实践中，理论所称的信用创造过程，就是金融机构对实体经济提供融资支持的过程。在这个意义上，信用创造是经济发展的充分条件之一。

在历史上，有了商品经济，便有了商业信用。银行信用只是商品经济发展到一定阶段的产物，在逻辑关系上，它是商业信用的延伸。但是，银行信用一经产生，便显示出其优于商业信用的多方面特征，以至在一段时期内，几乎所有的信用活动都集中于商业银行并采取银行信用的形式，反转而来，信用创造也因而成为商业银行的基本功能和主要特征。

传统的信用创造机制，是基于金融中介的信用创造机制。从运行机制上看，传统信用创造机制是"外生驱动"的：中央银行发行货币，创造信用载体，商业银行吸收存款，同时评价贷款客体的信用级别，对贷款进行定价和配置，创造新的信用。随着企业或个人归还银行贷款，整个信用创造过程便告结束，货币被勾销。商业银行的信用创造活动是对因存、贷款期限错配而产生的资金时间价值的高度应用，只有将存款和贷款功能集于一体，形成存款—贷款—派生存款……的循环过程，信用创造功能方能充分发挥。

商业银行的信用创造与货币供给紧密相关。在现代社会，货币供给增加的最主要渠道，就是商业银行的信用创造。鉴于此，现代中央银行和金融市场监管者设计了有效的货币政策和金融监管工具来管理银行体系的信用创造过程，包括法定存款准备金率、流动性比率、杠杆率、预付比率、存贷比、资本充足率等。

然而，随着金融创新和金融自由化的深入，不仅资产管理在商业银行经营管理战略中占据了主导地位，其负债管理业务也已逐渐挣脱了被动存款的束缚：商业银行不再"坐等"存款上门，而是主动根据经济目标和资金流动性需要，随时在国内或者其他金融市场

上发行信用凭证来为其贷款筹资。并且，随着可转让存单和大量的其他融资工具的发展，商业银行事实上变成了连接资金供求双方的经纪人。值得注意的是，绝大多数可上市交易的金融工具并不为中央银行直接控制，这使得商业银行对中央银行的依赖性趋向缩小。中央银行对商业银行的控制程度也逐渐弱化，进一步加强了货币的内生性。

随着金融业的不断发展，信用创造的载体开始超越商业银行。首先是各类非银行金融机构逐渐参与到信用创造的队伍中来。它们通过签发初始信用工具、发行对自己的要求权，便可在不触动货币供应存量的条件下，发动信用创造过程，满足实体经济部门的资金需求。然后，金融市场自身通过不断开发新的交易和提升市场的流动性，通过几乎无限制地对现有金融产品和服务的"再构造"，也逐渐具备了信用创造的功能。这样一些发展，逐渐汇聚为一个新的概念——影子银行。

就功能与影响而论，影子银行体系同传统金融业存在巨大差异。传统银行业创造信用，主要依靠的是吸收存款、发放贷款和创造货币；而影子银行体系则主要通过开发交易活动和提升金融市场的流动性，来提高传统金融产品的流通速度，或者通过对传统金融产品和服务"再构造"，来向经济社会提供源源不断的信用。

简言之，影子银行创造信用，对于货币当局紧紧盯住的货币存量并不产生显著影响。如今，以移动互联网为载体，以市场交易为基本渠道的互联网金融和影子银行体系，形成了一种游离于传统中央银行/商业银行货币供给机制之外的信用创造机制，并日益侵蚀着它们的传统领地。这些发展，再次证实了哈耶克早在半个世纪前就曾做出的信用创造机制多元性的论断。

四、影子银行：创新的源泉、监管的重点

人们都将 2007 年以来的全球金融危机归咎于影子银行的野蛮生长。然而，深入研究影子银行的产生、发展、功能、作用及其影响，大家逐渐认识到：一方面，影子银行体系（当然不是那些"银行的影子"）是应筹资者和投资者的多样化需求而产生，并依托现代信息业和其他高新科技的发展而发展，在这个意义上，它们代表的正是金融业未来的发展方向；另一方面，由于影子银行的发展启动了未受监管当局有效监管的规模日益增大的信用创造活动，当今世界的各类金融风险大都有其活动的身影，在这个意义上，影子银行又是监管的重点。简言之，在确认影子银行体系作为金融业创新发展的重要源泉的同时，如何以创新的精神探讨对之施以有效监管，是包括我国在内的全球金融监管部门面临的真正挑战。

虽然影子银行只是在 2007 年全球金融危机发生后才被世人关注，其发展历史其实已

经长达 30 余年。

迄今为止，理论界对影子银行尚无统一定义。在实践中，很多机构，例如金融稳定委员会（FSB）和美联储（FED）等，倾向于使用资金流量表中的"其他金融中介"的数据来估算影子银行体系的信用规模。这一统计框架暗含着一个对影子银行的定义，即它们是正规银行体系之外的信用中介实体或信用创造活动。简单地说，影子银行就是非银行的信用中介。

非银行信用中介仍然是非常笼统的概念，在实践中它们可能有多种形式。鉴于美国的影子银行体系相对发达，我们不妨以美国的实践为蓝本，对其做进一步辨析。在美国，影子银行的主要构成有五：其一，由多种机构参与的资产证券化安排，其中，类如房地美和房利美的联邦政府发起设立的住房抵押贷款证券化机构，发挥着最重要的作用，同时，在各类私人机构发起的证券化安排中，投资银行发挥重要的中介作用；其二，市场型金融公司，如货币市场基金、对冲基金、私募股权基金、独立金融公司、各类私人信用贷款机构等；其三，结构化投资实体、房地产投资信托、资产支持商业票据管道等，它们多由商业银行或金融控股公司发起，并构成其不可或缺的组成部分；其四，经纪人和做市商所从事的融资、融券活动；其五，银行之外的各类支付、结算和清算便利，如第三方支付等。

根据金融稳定委员会（FSB，2012，2013，2017）对全球 25 个司法辖区和欧盟地区资金流量表中"其他金融中介"的统计，2002 年，影子银行的规模已达 27 万亿美元；2007年升至 60 万亿美元；2008 年危机爆发，其规模稍减，但仍有 56 万亿美元之巨；2011 年，危机稍有纾缓，便重拾增势，跃升至 67 万亿美元；2015 年，随着全球金融形势趋稳，其规模又跃增至 92 万亿美元。2015 年，影子银行的信用规模相当于该 25 个司法辖区当年国内生产总值的 150%。就金融体系自身比较，影子银行体系创造出的信用规模约达金融体系总规模的 30%，直追传统银行体系近 40% 的规模比例。[①]

在过去的 30 余年中，影子银行机构一直没有资格获得最后贷款人的流动性支持，它们无法直接与中央银行进行交易，反转而来，央行严密控制的基础货币的规模，也无法反映影子银行体系对高能货币的需求。因此，人们无法直接观察到影子银行体系的信用创造对货币供应乃至对宏观经济运行的影响。但是，2007 年次贷危机中，美联储直接在货币市场上大批购买影子银行机构的各种批发性证券资产，从而增加了基础货币，扩张了美联储的资产负债表，使影子银行机构的信用创造潜力有了公开释放和表现的途径和平台。这表明，经由影子银行体系进行的信用创造，对货币市场和货币政策的影响，已经达到了不可忽视的程度。

[①] Financial Stability Board, *Global Shadow Banking Monitoring Report 2016*, May 2017.

五、简短的结语

随着现代高新科技同金融业日益密切结合，非银行金融中介和金融市场的信用创造开始脱离商业银行而独立存在，其规模已直追传统的商业银行。然而，这种信用创造活动，并未体现在各国央行统计的货币总量指标中，却切实影响着各国实体经济发展。显然，非银行金融中介和金融市场的信用创造活动，对各国的金融稳定和宏观调控提出了严峻的挑战。

作为改善金融宏观调控的必要条件，我们需要将自身金融宏观调控的重点，由以货币供给为核心的负债面转移到以各类信用为主体的资产面。这就需要定义一个能涵盖全部信用在内的新的宏观金融统计指标，用以准确地、及时地刻画和追踪宏观金融和宏观经济的变动趋势。就此而论，殷剑峰博士领衔的这部新著，值得向业界、学术界和监管部门推荐。

序|言|二

刘晓春

浙商银行行长

　　《钱去哪了：大资管框架下的资金流向和机制》这篇报告是国家金融与发展实验室和浙商银行股份有限公司共同合作的研究成果，该报告分析了大资管时代各类金融机构的资金流向并提出了建设性意见。报告引导我们深思，金融机构的钱去哪儿了？钱是在金融领域打转，推动资产价格过快上涨，还是去了实体部门，从而带动经济发展？

　　党中央、国务院高度重视金融服务实体经济的工作。习近平总书记指出，国家强大要靠实体经济，要改善金融服务，疏通金融进入实体经济特别是中小企业、小微企业的管道，引导社会资金更多投向实体经济。李克强总理也指出，金融与实体经济密切联系、互促共生，金融的首要任务还是要支持实体经济的发展，要让更多的金融"活水"流向实体经济。金融与实体经济密不可分，一荣俱荣，一损俱损。实体经济是金融发展的根基，推动实体经济发展是金融的立业之本，服务实体经济是对金融的本质要求。如果脱离实体经济，搞体外循环，实体经济就会成为"无源之水"，金融业迟早也会成为"无本之木"。

　　21世纪以来，中国金融业在改革和发展中不断壮大，金融业态也不断丰富，逐渐形成了银行、信托、证券、保险、基金、期货等较为齐全的金融体系。随着金融国际化的推进及大数据、云计算和金融科技的应用，金融行业的发展更是日新月异，金融创新层出不穷，但也鱼龙混杂，其中不少是推动金融资源"脱实向虚"的"伪创新"。金融创新要坚持"三个有利于"，首先就是要提升服务实体经济的能力，而不是通过所谓的创新去躲避监管，即金融创新应以实体经济为纲；否则创新只能是伪创新。

　　随着我国工业化初级阶段的完成和服务业的逐渐崛起，金融致力服务实体经济的范畴也在不断扩大。这不仅包括有形的物质生产，也包括无形的服务生产，第一产业、第二产业及第三产业都是实体经济。所以，金融服务实体经济是有着广泛的空间的，金融完全不需要"自娱自乐"。比如，金融机构对接"一带一路"、京津冀协同发展等国家战略和重大工程项目，助力先进制造业、绿色金融、"三农"、小微企业、保障性安居工程等经济社会重点领域和民生工程，支持国内企业"走出去"、国际产能合作等，都是支持实体经济的表现。

在当前以"三去一降一补"为重点的供给侧结构性改革过程中，金融机构服务实体经济需要发挥好帮助企业"去杠杆""降成本""补短板"的功能。浙商银行以服务实体经济为己任，近年来主动适应经济新常态，积极落实国家各项金融和产业政策，通过金融服务大力推进供给侧结构性改革，在提升金融服务能力的同时较好地实现了自身规模、质量和效益的协调发展。在实践过程中，逐步探索出符合自身客户需求的业务发展模式，总结出一些有特色的转型发展经验。一是流动性服务方面，围绕企业"降低融资成本、提升服务效率"两大核心需求，以帮助企业盘活资产、解决资金流动性管理难点为切入点，创设涌金票据池、资产池、出口池等池化融资平台及超短贷、至臻贷等一系列流动性服务产品，以"池化"和"线上化"的融资业务管理助推企业去杠杆、降成本、提效率。二是在小微金融业务方面，针对小企业客户资金需求"短、小、频、急"的痛点，通过创新产品设计，主动采取措施帮助小微企业去杠杆、降成本，如三年贷、十年贷、"还贷通•到期转"等产品，既满足企业最长10年的中长期融资需求，也支持其随借随还、循环使用方式，按其实际用款金额、按日计息，减少利息支出。三是在零售业务方面，面向工薪阶层以增薪卡产品为核心打造出多个场景化组合套餐，能同时满足客户资金周转、免费资金通道划转、高收益理财回报等多重需求；财富池、财市场等平台解决了以往商业银行"高收益"和"流动性"无法兼得的痛点，帮助企业在不增加财务成本的前提下为员工增加工资收益，帮助企业员工实现一站理财、融资、增信以及理财转让服务。

同时，浙商银行积极践行全资产经营理念，在服务实体经济的过程中，加强与银行同业、非银行金融机构的合作，实现信贷市场、货币市场、资本市场、外汇市场等金融市场的统筹管理与集约经营，推动信贷类资产、交易类资产、同业类资产、投资类资产的多元发展；通过综合经营与业务联动为客户提供全方位的金融解决方案，持续强化面向市场与以客户体验为导向的产品和商业模式创新。如通过与私募机构、基金公司等机构开展合作，探索架设投贷联动的新型金融服务桥梁，为企业参与直接融资提供全链条、综合化投融资服务和跨越多币种、多市场的直接融资顾问服务，帮助企业优化和重塑资产负债表。

中国金融业正经历一场史无前例的监管风暴，近几个月来，"一行三会"的监管文件密集发布，充分表明了各监管部门推动金融回归本源的决心。这场监管风暴对于改变此前金融行业过度膨胀的现象、防范化解金融风险具有重要意义。本报告在采集大量公开数据的基础上，通过调研、统计、测算等方式，详细分析了不同金融业态的资金来源、流向及相关的业务模式，并提出许多建设性意见和展望，对金融监管部门和金融机构具有一定的启发意义和参考价值。

"十三五"期间，金融机构的经营环境面临利率市场化、人民币国际化、多层次金融市场发展、跨界竞争加剧、行业门槛降低、财政体制改革、监管思路变革等一系列重大变化，让我们深深地感受到改革进入了深水区，以及进入深水区后的痛苦和艰难。但是，中央对改革的方向是明确的，改革的决心是坚定的，我们对今后的金融业发展充满信心。

千淘万漉虽辛苦，吹尽狂沙始到金。唯有深自砥砺，才能笃定前行。如何在持续有效支持实体经济发展的同时，实现自身转型升级，是所有金融机构都需要认真思考和探索的课题。

目录
CONTENTS

前　言　关于"钱"的三个问题　　　　　　　　　　　　　　　　　　　I

第一章　银行理财资金流向及机制分析　　　　　　　　　　　　　001

　　一、资金流向分析：非标占主导　　　　　　　　　　　　　　003

　　二、资金流向机制：演进中创新　　　　　　　　　　　　　　010

　　三、未来展望：谁是下一个?　　　　　　　　　　　　　　　017

　　附录 1　保本 & 非保本理财资金流向数据　　　　　　　　　020

　　附录 2　银行理财市场发展概览（2004 ~ 2017 年）　　　　　021

第二章　银行同业业务与委外投资　　　　　　　　　　　　　　027

　　一、银行资金的来源与投向　　　　　　　　　　　　　　　029

　　二、银行同业业务的发展回顾　　　　　　　　　　　　　　033

　　三、银行委外规模测算　　　　　　　　　　　　　　　　　036

　　四、银行委外的风险分析及建议　　　　　　　　　　　　　041

第三章　信托市场资金流向及机制分析　　　　　　　　　　　　043

　　一、信托资金的来源与去向　　　　　　　　　　　　　　　045

　　二、信托资金投资机制　　　　　　　　　　　　　　　　　052

　　三、结论与展望　　　　　　　　　　　　　　　　　　　　060

第四章　保险资金运用渠道及机制分析　063

一、保险资金运用渠道：拆解"其他项"　065

二、另类投资模式：非标与同业　071

三、另类投资发展：合法化　081

第五章　证券资管资金流向及其机制分析　083

一、券商资管的资金来源与运用　085

二、募集资金及投资机制分析　090

三、本章小结　097

第六章　基金业资金流向及其机制分析　099

一、2013～2016年基金行业概况　101

二、资金来源与流向　104

三、资金流向机制分析　109

四、行业展望及政策建议　122

第七章　资管市场监管政策回顾与展望　125

一、资管乱象与监管历程　127

二、现阶段资管市场分业监管　132

三、资管市场监管趋势　138

四、总结：市场需要什么样的监管　140

前｜言

关于"钱"的三个问题

殷剑峰

在我国，据说住宅小区的保安每逢遇到访客，都会提出两个深刻的"哲学"问题："你从哪儿来？到哪儿去？"如果将"你"换成"钱"，那么，这两个问题实际上也正在让金融界挠头。全球危机后，"影子银行"成为国内外热门话题，金融界对其历史渊源、范畴争论得热热闹闹。2013年，针对我国以银行为主导的金融结构特征，笔者凑了一下热闹，提出了一个新概念——"银行的影子"①。无论"影子银行"，还是"银行的影子"，说来说去，无非都是想回答小区保安的问题，只不过对象是"钱"：钱从哪儿来？到哪儿去？

金融界觉得"钱"俗气，所以都喜欢用"货币"这个学名。不过，在2013年的那份报告中，笔者已经指出，货币是银行的负债，只对应着银行资产方的信用创造活动，不能反映包含非银行金融机构在内的整个金融部门的金融能力（Total Financial Capacity）。为此，当时笔者组织团队构造了一个宏观金融指标："信用总量"。在金融部门的资产方，这一指标涵盖金融部门为包括政府、企业、居民在内的整个非金融部门创造的债务融资工具（类似于美联储美国资金流量表中的"Debt Outstanding by Sector"）；在金融部门的负债方，这一指标既对应着货币——银行的负债，也对应着银行和非银行金融机构为资产业务融资而发行的各种契约型或者准契约型金融工具。

本书讨论的银行理财、信托计划、保险准备金、共同基金等均属于契约或者准契约型②金融工具，与之相对应的"资金"则是各种形式的债务融资工具——信用。这里，我们即以信用总量这个指标来讨论近些年"钱"去哪儿了、从哪儿来。同时，我们还想再加上一个小区保安不会问但规范经济学必须回答的问题："钱"应该去哪儿？

---

① 殷剑峰、王增武：《影子银行与银行的影子：中国理财产品市场发展与评价（2010～2012）》，社会科学文献出版社，2013。
② 称之为"准契约型"产品，是因为我国许多理财产品的法律关系界定不清，刚兑问题始终没有解决。

一、"钱"去哪儿了

1. "钱"的规模和流向

从表1中首先可以看到，广义货币 M2 早已不能反映我国"钱"的全部规模了：2009年，信用总量还只有 M2 的 88%，而到 2016 年，信用总量已相当于 M2 的 1.2 倍。换言之，有 20% 的"钱"不在 M2 的统计范畴内。如果进一步考虑随后讨论的金融部门负债，则 M2 遗漏的信息就更多了。所以，我们看到，在最近几年中原先以 M2 为中间目标的货币政策发生了重大转变，尽管政府工作报告还总是提及 M2。

至于"钱"去哪儿了，信用总量的部门分布提供了清晰的答案。2016 年，在全部近182 万亿元信用总量中，政府部门为 36.8 万亿元，占比 20%，较 2009 年上升 5 个百分点。其中，中央政府占比由 2009 年的 11% 下降到 2016 年的 7%，而地方政府占比在同期则由 4% 上升到 14%；非金融企业为 110.8 万亿元，占比从 2009 年的 71% 下降到 2016 年的61%；居民部门为 34.3 万亿元，占比从 2009 年的 15% 上升到 2016 年的 19%。信用总量的部门分布变化清晰地表明，虽然企业仍然是"钱"流向的大头，但危机后"钱"更多地流到了地方政府和居民部门。

表1 我国广义货币 M2、信用总量及其部门分布							单位：亿元，%
项目 年份	M2	信用总量	信用总量/ M2	政府	其中：中央 政府	其中：地方 政府	非金融企业	居民
2009	610225	535275	88	82967	58892	24074	378133	81819
2010	725852	670793	92	101754	65303	36451	462807	112586
2011	851591	805548	95	114608	68575	46034	554867	136073
2012	974149	976513	100	137034	72369	64665	678084	161395
2013	1106525	1161915	105	174148	87688	86459	788939	198870
2014	1228375	1338475	109	209953	96714	113239	895556	232547
2015	1392300	1561506	112	275972	107683	168289	1012467	274708
2016	1517730	1819243	120	368395	120869	247526	1108172	342676

数据来源：国家金融与发展实验室。

注："非金融企业"中不包括地方平台贷款和城投债，这两部分债务被归入"地方政府"。

信用总量的部门分布变化揭示了一个有意思的现象。与应对危机的扩张性财政政策一致，其他国家都是由中央政府增加负债。然而在我国，相对于其他部门，中央政府事实上是"往后缩"的。同时，创造财富、推动经济增长的企业部门在危机后也采取了相对谨慎的负债策略。相反，地方政府和居民部门成为增加负债、抵销经济周期性下滑的主力。

2. "钱"的流向与非金融企业杠杆

以信用总量来刻画的"钱"，实质为非金融部门的负债，因此，"钱"的流向变化决定了杠杆率（负债/GDP）的分布。2016年，非金融部门总体的杠杆率（信用总量/GDP）依然在上升，但增速趋缓（见图1）。2016年总体杠杆率约为244%，较2015年上升12个百分点，而2015年较2014年上升21个百分点。与上述信用总量部门变化一致，杠杆率增速趋缓主要源于非金融企业去杠杆取得进展，与此同时，中央政府杠杆率保持不变，地方政府杠杆率和居民部门杠杆率则分别比2015年上升8个和5个百分点。

图 1　非金融部门杠杆率

数据来源：国家金融与发展实验室。

2016年非金融企业（不含地方平台贷款和城投债券）杠杆率为149%，较2015年下降1个百分点。事实上，2009年"四万亿"之后，除了2011年至2012年有一个短期回升之外，非金融企业负债增速总体上呈下降趋势——这个特点与危机后美国的情况类似，说明在扣除地方平台和城投公司之后，我国非金融企业部门的资产负债表并非许多人想象得那么糟糕。例如，考察工业企业的"微观杠杆率"，即工业企业资产负债率，可以看到（见图2），全球危机后工业企业总体上呈现去杠杆的趋势，其中，私营企业表现得更加明显。股份制企业的资产负债率则是典型的（理性的）顺周期行为：在2008年危机前加杠杆，危机后去杠杆。即使就国有工业企业来说，虽然在2009年后为应对危机而迅速加杠杆，但自2013年后也在去杠杆。目前，国有工业企业的资产负债率已经接近2007年的最低水平。

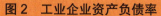

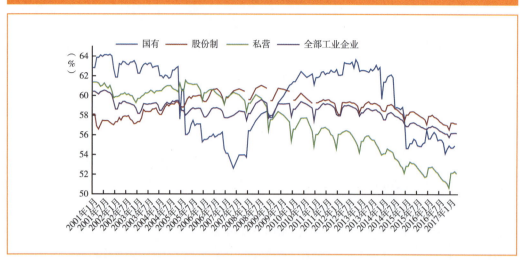

图2 工业企业资产负债率

数据来源：CEIC。

所以，在涤除地方的平台企业和城投公司之后，非金融企业去杠杆的问题并没有当前舆论所说得那么迫切——尤其是在进一步涤除非金融企业负债中涉及基建和房地产的部分之后。相反，随着经济的反弹复苏，非金融企业需要加杠杆。从2017年1季度数据看，也恰恰如此：1季度非金融企业债务增速达到11.6%，高于2016年4季度的9.4%。不过，从债务融资的工具结构看，非金融企业债务融资增速的反弹主要依靠的是非银行金融机构的信用供给，贷款增速和债券增速均低于，甚至大大低于上年4季度水平。由此看，如果当前金融去杠杆过快，不仅会提高市场利率水平，还会减少非金融企业的信用可得性。

3. "钱"的流向与地方政府和居民部门杠杆

地方政府是2016年杠杆上升最快的部门，其风险值得高度关注。我国地方政府本级财政收入一直低于本级财政支出，地方财政赤字的弥补一靠中央财政转移支付，二靠地方基金收入中的土地出让金收入。近些年，土地出让金占地方本级财政收入的比重稳定地保持在40%左右，已经成为许多地方政府，尤其是中西部地方政府主要的可支配财力。因此，当地房地产状况对地方政府偿债能力非常关键。

关于中国的房地产市场，再去讨论泡沫问题就显得太幼稚了，当前的要点是防止发生区域性风险事件。从"房子是给人住的"角度去思考，人口多少是决定区域房价能否"挺住"的基础。因此，我们可以将各地房价与当地人口指标做一比较。可以看到，从房价涨幅与外地户籍人口之比看（见图3），位于前列的均为中西部和东北地区的省份，而上海、北京、浙江、广东等东部地区，尽管房价远远高于中西部地区，但此指标却是最低的。这一状况说明，东部地区房价上涨在相当程度上反映了人口向本地集聚的趋势，而中西部地区房地产市场则主要仍取决于区域性因素。进一步用房价涨幅与人口涨幅之比来观察，其结论基本一致，只不过黑龙江、广西、吉林三省区因为人口负增长而导致这一比值为负值。

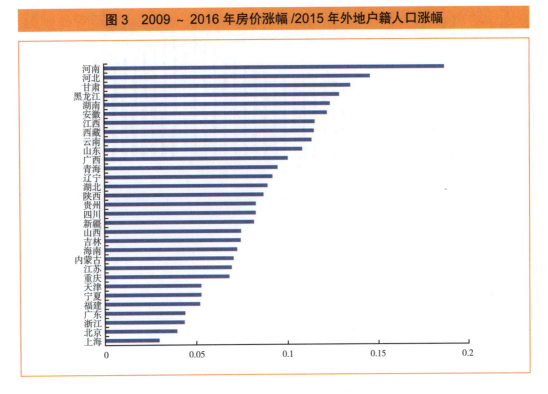

图3　2009 ~ 2016 年房价涨幅/2015 年外地户籍人口涨幅

数据来源：CEIC。

居民部门也是迅速加杠杆的部门，其风险同样不容忽视。2016 年居民部门的一个显著变化是新增居民债务超过了新增储蓄，居民部门成为净融入资金部门。这一现象在 2007 年也曾经发生过，当时我国房地产市场也处于历史顶点。判断居民部门风险的一个指标是居民部门负债与劳动者报酬之比（见图 4），2016 年我国这一指标已经达到 90%，这大体相当于美国 1994 年的水平——似乎问题还不大。不过，美国居民部门有大量的财产性收入，而中国居民部门的财产性收入微不足道。进一步从国民收入的部门间分配看，我国居民部门的可支配收入只占国民可支配收入的 60%，低于美国的 70%。就个人间收入分配差距而言，我国基尼系数高达 0.46，早已经超过 0.4 的国际警戒线。从存量资产分配看，全国 120 万高净值人群的可投资资产相当于全部可投资资产的近 30%。所有这些关于收入和财产分配的指标，其含义只有一个：负债向收入中低端家庭累积，资产向收入中高端家庭累积。所以，与对地方政府风险的判断一样，对于居民部门的风险需要分区域、分家庭进行分析，不能依靠总量平均指标。

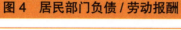

图4　居民部门负债/劳动报酬

数据来源：CEIC。

二、"钱"从哪儿来

1. "钱"的来源分布

以信用总量来研究"钱"，一方面对应于非金融部门的负债，另一方面则对应于金融部门的资产。因此，钱的来源就必然与金融部门的结构变化密切相关。笔者曾经指出[①]，2009年以来我们金融体系的一个重大变化就是非银行金融机构和非金融债券市场的崛起。按理说，这种变化将对"钱"的来源结构产生同样重大的影响。但是，揭开面纱之后我们发现，"钱"还是主要来自银行。

表2统计了银行信用创造的各个渠道。可以看到，一方面，作为传统银行业务，银行信贷规模占整个银行信用创造的比重下降；另一方面，随着银行非信贷业务的发展，传统信贷之外的信用创造活动成为银行资产业务增长的动力。例如，尽管这些年我国非金融债券市场快速发展，但非金融债券的主要持仓机构还是银行。2016年，银行持有的非金融债券高达26.8万亿元，占非金融债券存量的60%以上。此外，银行通过表外业务（如银信政合作、委托贷款）进行的信用创造活动也快速发展。所以，总体上看，在非金融部门的信用总量中，银行信用依然高达近88%。当然，银行的份额有所下降。

[①]　殷剑峰："非银行金融部门的崛起"，《中国金融》2017年第5期。

项目 年份	银行信贷	银行持有的非金融债	银行同业业务	银信政合作	委托贷款	银行信用合计	银行信用/信用总量
2009	420260	65628	15221	6449	3202	510759	95.42
2010	502871	82831	33872	16605	3813	639993	95.41
2011	581893	96238	37594	19246	18008	752979	93.48
2012	672875	111422	57886	25319	25712	893214	91.49
2013	766327	129586	71629	31460	40992	1039993	89.52
2014	867868	147944	83319	42810	56033	1197974	89.51
2015	984875	200056	92068	54214	65580	1396793	89.45
2016	1110976	267983	76048	60928	79189	1595123	87.79

表2 银行信用及其构成 单位：亿元，%

注："银行持有的非金融债"包括银行通过理财产品持有的部分。

数据来源：国家金融与发展实验室。

虽然"钱"还是主要来自银行，但非银行金融机构的份额确实存在上升趋势。从非银行金融机构的信用创造活动看，其持有的非金融债券最为重要，但占非银行金融机构信用合计的份额不断下降，份额上升的主要是委托贷款、信托和保险的信用创造。至2016年，在非金融部门的信用总量中，非银行金融机构信用占比已经上升到11%强（见表3）。

项目 年份	非银行金融机构持有的债券	委托贷款	信托	保险	非银行金融机构信用合计	非银行信用/信用总量
2009	19887	2135	717	985	23723	4.43
2010	22451	2542	3033	1946	29972	4.47
2011	28320	12005	7262	3882	51470	6.39
2012	39582	17142	16675	7806	81204	8.32
2013	45943	27328	33911	10560	117742	10.13
2014	54027	37356	29310	12999	133691	9.99
2015	76303	43720	18023	16034	154079	9.87
2016	108605	52792	23995	19269	204661	11.26

表3 非银行金融机构信用及其构成 单位：亿元，%

注："非银行金融机构持有的债券"中扣除了理财产品持有的债券；"信托"中不包含银信政合作。

数据来源：国家金融与发展实验室。

2. "钱"的来源与金融部门杠杆

随着传统银行信贷下降、非传统银行业务和非银行金融机构份额的上升，"钱"的来源日益多样化，这也导致金融部门内部的相互负债不断增加和金融部门杠杆持续上升。

与非金融部门杠杆率的变化类似，我国金融部门杠杆率（不含存款的金融部门负债/GDP）呈现继续上升但增速趋缓的态势（见图5）。2016年我国金融部门杠杆率为97%，较2015年上升9个百分点，而2015年较2014年上升11个百分点。与美国相比，我国金融部门杠杆率大体相当于其2002年的水平。不过，考虑美、中金融部门间一去一加的相对变化，我国已经于2015年、2016年连续两年超过了美国。

图5　金融部门杠杆率

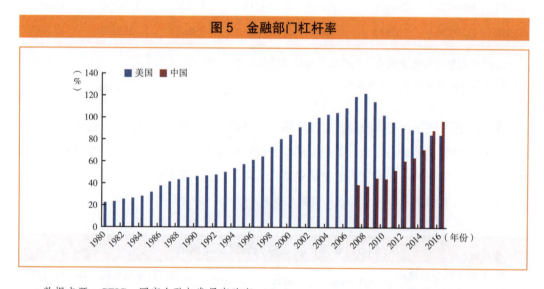

数据来源：CEIC，国家金融与发展实验室。

观察金融部门内部的相互负债，非银行金融机构对银行的负债（图6中的"对其他金融性公司债权"）自2015年1季度起就成为最大科目，并且上升也最为迅速——这也进一步说明，非银行金融机构的"钱"有很多依然是银行的"钱"。2016年4季度，"对其他金融性公司债权"达到26.5万亿元，占整个金融部门负债的比重为36.7%，较2015年4季度增加近10万亿元。2017年1季度，"对其他金融性公司债权"进一步上升至27.8万亿元，在金融部门负债中的比重达到38.5%。

图 6　金融部门负债

数据来源：国家金融与发展实验室。

就银行而言，"对其他金融性公司债权"已经成为近些年资产扩张的主要科目（见图 7）。从 2009 年"四万亿"之后，这一科目的增速由 20% 上升到 2011 年的 60%，并相对平稳地一直维持到 2016 年的 3 季度。至 2017 年 1 季度，"对其他金融性公司债权"已经接近 28 万亿元，占银行部门总资产的 11% 左右。此外，银行部门资产中另一个值得关注的科目是"对政府债权"，这一科目自 2015 年 1 季度实施地方政府债务置换开始加速上涨。2017 年 1 季度，"对政府债权"的规模达到 17.5 万亿元，较 2015 年 1 季度增加约 10 万亿元，这增加的部分基本上就是地方政府债券。

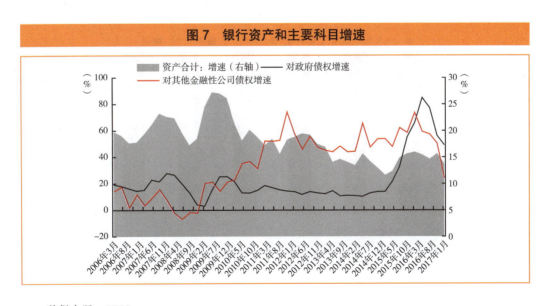

图 7　银行资产和主要科目增速

数据来源：CEIC。

3. "钱"的来源与金融资源错配

虽然"钱"的来源多样化，但"钱"的流向还是偏好房地产，包括与此直接相关的房地产企业贷款、个人按揭贷款和与此间接相关的基建项目等。可以看到，非银行金融机构在获得包括银行资金在内的融资之后，其资金运用又有相当一部分进入地方政府的基建和房地产项目。以资金信托为例，在2016年底17万亿元的规模中，投给地方基础产业的规模是2.7万亿元，占比16%；投给房地产的是1.4万亿元，占比8%；不考虑投给工商企业、购买债券等资金运用项目中与地方政府、房地产相关的融资，资金信托中至少有24%是投向了地方政府基建和房地产项目。至于其他非银行金融机构的资金运用，如保险债权投资计划，几乎尽归于此。粗略估算，在目前非银行金融机构给实体部门提供的25万亿元资金中，至少有30%，即8万亿元左右与地方政府基建和房地产项目相关。

除了非银行金融机构的资金运用偏好基建房地产，传统的银行信贷也是如此。根据本外币信贷的行业结构（见图8），将其中的个人贷款（多为按揭贷款）、FIRE(金融房地产）、传统服务业（多与基建有关）合并，则2015年与房地产直接和间接相关的贷款占比高达56%。按50%的比例推算2016年情况，则银行目前信贷中约60万亿元与基建房地产有关。这部分信贷加上银行持有的地方政府债券（约10万亿元）、城投债（约1.2万亿元）以及银行通过非银行金融机构融资间接投向地方基建和房地产的资金（约8万亿元），总的敞口近80万亿元，占银行资产规模的40%。

图8　本外币贷款的行业结构

数据来源：CEIC。

　　总之，银行信贷、非银行金融机构资金以及近些年发展较快的债券市场，都在相当大的程度上成为金融资源向基建房地产倾斜的通道。近期的金融去杠杆进程有助于扭转资源错配的格局。随着金融同业负债增速的急速下降，2017 年 1 季度金融负债增速（见图 9）已经下降到过去十年来最低水平（仅高于 2008 年的水平）。不过，即使如此，增速也在 13% 左右。如果全年 GDP 增速保持在 6.9% 左右，并考虑到金融去杠杆速度不能过快，预计 2017 年我国的金融杠杆率还将有所上升。

图 9　金融部门负债增速

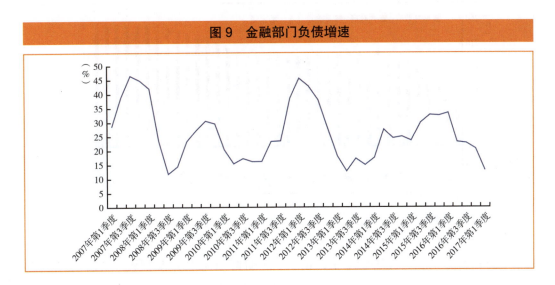

数据来源：国家金融与发展实验室。

三、"钱"应该去哪儿

1. 美国案例启示

　　美国在次贷危机前的经历与我国 2009 年后的经历有很多相同之处，所以，看一下危机后美国"钱"的变化，应该颇有启示。美国在 2000 年信息技术泡沫破裂后，由于实体领域投资回报下降、投资机会匮乏，而金融创新非常活跃，加之货币金融管理当局在相当大程度上的默许，"钱"的来源日益多样化，规模不断上升，但最终流向都是去了房地产。危机后，美国"钱"的流向和来源都发生了深刻变化。从杠杆的变化看，就是杠杆在部门间的腾挪——而不是简单地去杠杆。

　　观察美国非金融部门的杠杆结构（见图 10），可以发现，危机后迄今，家庭部门和州政府一直处于去杠杆的过程：前者杠杆率从 2007 年的 98% 下降到 2016 年的 79%；后者则从 20% 下降到 17%。相比之下，家庭部门是去杠杆的主力——这一点很容易理解，因为次贷危机爆发本身就是源于家庭部门过度加杠杆。非金融企业部门在 2008 年到 2011 年间也在去杠杆，杠杆率由 73% 下降为 66%；但是，从 2012 年开始，非金融企业部门开始加杠杆，其杠杆率上升到 2016 年的 76%。由于危机应对措施，联邦政府一直在加杠杆，2007 年联邦政府的杠杆率为 42%，2016 年达到 86%。

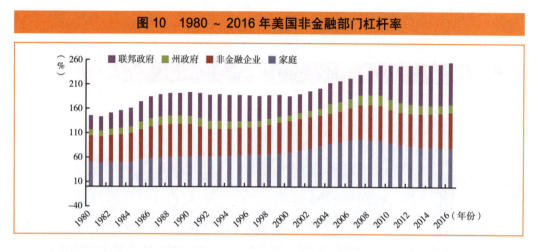

图 10　1980~2016 年美国非金融部门杠杆率

数据来源：CEIC。

杠杆在部门中进行腾挪的过程中，整个非金融部门的杠杆并未下降。不过，这种腾挪对经济的恢复却起到至关重要的作用：一方面，过度负债的家庭部门逐渐修复资产负债表，同时，联邦政府加杠杆，并与美联储量宽政策一起实施扩张的财政货币政策，以稳定市场；另一方面，起初资产负债表就相当健康的企业部门在经历短暂去杠杆后，以加杠杆推动经济增长。

对于金融部门来说，则出现了总体性的金融去杠杆（见图 5）。不过，即使在金融部门内部，也并非所有部门都去杠杆。将金融部门分为银行、非银行金融机构和资产证券化产品等三类，我们发现仅有资产证券化产品发生了大幅度萎缩。

进一步对资产证券化产品进行分类又可以看到，实则是次贷证券化产品出现了大幅度萎缩。按照经营机构来分，美国证券化产品可以分为两类：其一是 GSE（Government-sponsored Enterprises）发行的证券化产品，主要经营的是合规按揭贷款，由于有政府信用支持，我们称之为"公营"证券化产品；其二是私营金融机构发行的产品，称之为"私营"证券化产品，主要经营的是次贷产品。做这样的分类之后，可以看到（见图 11），出现大幅度萎缩的是后者，其最高规模在 2008 年达到 4.6 万亿美元，现在只有 1.2 万亿美元；而前者的规模在 2008 年后有所下降，但目前达到 8.7 万亿美元，略高于 2008 年的 8.5 万亿美元。

图 11 2000 ～ 2017 年 1 季度美国证券化规模

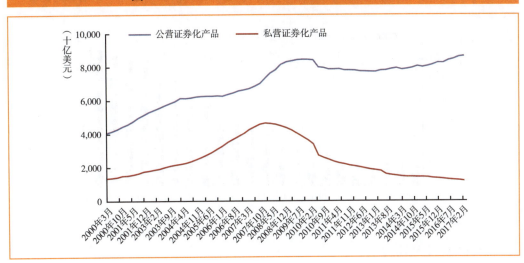

数据来源：CEIC。

因此，综合危机后美国杠杆结构的变化，一个显著的特点就是，去杠杆"去"的都是与房地产相关的杠杆，包括家庭部门的杠杆和次贷证券化产品。非金融企业先去杠杆、后加杠杆，扣除证券化后的金融部门则是稳杠杆，为经济向上转折提供了条件。

2. 新兴产业需要"钱"

美国的经验告诉我们，"钱"至少不应该那么"热情"地拥抱房地产。然而，我国的"钱"恰恰是在 2009 年危机后更多地流向与房地产直接、间接相关的行业、部门。这其中部分原因确实在于危机打击之下，实体产业投资机会匮乏、投资回报低迷。不过，种种迹象表明，当前我国乃至全球经济都处于一个向上转折的时点。在经过多年的痛苦调整之后，我国的产业结构发生了深刻的变化，一些产业正在产生大量投资机会，这些产业需要"钱"。

从 2015 年开始，我国的第三产业对 GDP 增长的贡献就大幅度超过了制造业。2016 年第三产业拉动 GDP3.9 个百分点，第二产业仅拉动 2.5 个百分点。我国已经进入工业化后的服务业化阶段。经济进入服务业化阶段后的一个令人担忧的问题就是"鲍莫尔病"：由于服务业的劳动生产率和全要素生产率低于制造业，服务业化将导致经济增长放慢，甚至陷入停滞。发达经济体和所谓中等收入陷阱国家的经验表明，服务业的劳动生产率能否超过制造业，决定了该经济体能否迈过门槛进入高收入阶段。根据统计（见图 12），在我国的第二产业和第三产业劳动生产率比较中，第三产业一直低于第二产业，但一个良好的迹象是，差距在不断缩小。2016 年第三产业人均产值已经相当于第二产业人均产值的 90%。如果这种差距缩小的趋势能够维持，在 2018 年第三产业劳动生产率就能够与第二产业持平。

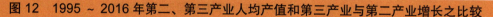

图12　1995～2016年第二、第三产业人均产值和第三产业与第二产业增长之比较

数据来源：国家统计局。

第三产业劳动生产率的改善与其内部结构的优化有着密切关系（见图13）。将第三产业分为"传统服务业"（交通运输仓储邮政、批发零售、住宿餐饮）、"FIRE"（金融与房地产）、"其他服务业"（包括信息技术、计算机通信以及科教文卫等），"其他服务业"的比重稳定地保持在整个第三产业增加值的39%左右，2017年1季度更是突破了40%，达到42%。与此同时，"传统服务业"的比重不断下降。目前制约第三产业劳动生产率的关键因素是科教文卫等现代生产性服务业依然处于"事业单位"的体制束缚之中，效率低下，机构臃肿。如果在中共十九大之后能够加快事业单位体制改革，第三产业将迎来更快的发展。

图13　2000～2017年1季度第三产业内部结构

数据来源：国家统计局。

3. 新兴技术吸引"钱"

无论哪个行业被归为"新兴"之列,"钱"的流向归根到底取决于投资回报,而投资回报归根到底取决于技术进步。近些年,我国技术进步的成就显著。诸如"歼20"、"运20"、"C919"、空间站、量子通信等,皆耳熟能详。按照世界知识产权组织的统计,中国专利申请数量自全球危机后加速上升,2013 年超过德国,2016 年比 2015 年增加 46%,达到 43131 件,接近日本的水平。

在专利申请数量加速上升的背后,是大量的研发经费投入。2016 年我国研发经费达到 1.55 万亿元,较 2009 年增长近 3 倍,规模仅次于美国。从研发经费投入强度(研发经费/GDP)看(见图 14),2015 年超过了 2%,但与美国(2.74%)、德国(2.84%)和日本(3.59%)相比,还有很大的上升空间。研发经费的来源方面,政府经费占比从 2000 年的 29% 下降到 2015 年的 15%,企业经费占比同期由 60% 上升到 77%。我国已经成为世界上少数企业研发经费占比超过 75% 的国家之一。

图 14 我国研发经费和投入强度

数据来源:CEIC。

从制造业内部看,研发投入强度超过制造业平均水平的均为技术和资本密集型行业,也是近些年我国技术进步非常显著的行业,其中,铁路、船舶、航空航天、仪器仪表制造业等的研发强度已经超过了全国平均水平。分区域看(见图 15),2015 年全国有 8 个省市研发投入强度超过了全国平均水平。除了陕西之外,其余 7 个省市均为东部沿海地区——全球危机后这些地区都在经历深刻的产业结构演化,一方面是制造业升级,另一方面就是经济的服务业化。因此,这 7 个沿海省市较高的研发投入强度在一定程度上反映了服务业领域的技术进步,这与前述我国产业结构的变化和投资结构的变化是相契合的。以投入强度高达 6% 的北京为例，2016 年第三产业增加值接近 2 万亿元，而第二产业仅为 4800 亿元。

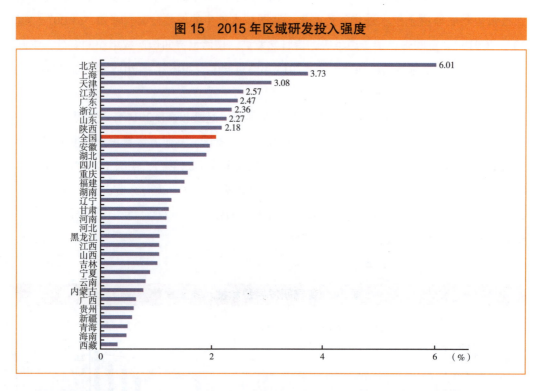

图 15　2015 年区域研发投入强度

数据来源：CEIC。

除了技术进步之外，资本投资的效率也是决定投资回报的重要因素。资本投资的效率，即资本边际报酬随资本产出比递减，其直观含义非常明显：资本过多，则资本投资的回报就较小。以 1970 年为基期，计算并比较各国资本产出比的增幅[①]，2015 年我国资本产出比为 1970 年的 5 倍，美国、德国和日本分别为 6 倍、7 倍和 9 倍；金砖国家中，巴西和南非也高于我国，印度与我国相近。我国较低的资本产出比意味着较高的资本边际报酬，从而资本投资还将成为经济增长的主要动力。

在本赘言的末尾，笔者想重点强调几点：第一，"钱"应该去哪儿，归根到底是由市场决定的。十八届三中全会指出，要发挥市场在资源配置中的决定性作用。在我国即将冲刺成为高收入经济体之际，在产业和经济结构深刻变化之际，最好让各种产业政策、金融资

[①] 由于在基期 1970 年美、日、德的资本产出比就大大高于我国，因此，这种比较高估了当前我国的资本产出比，低估了我国的资本边际报酬。

源配置政策相对远离。第二，宏观经济金融政策更应该关注"钱"从哪儿来、到哪儿去，随着经济发展，金融体系必然日趋复杂化，这一方面当然意味着不能再依靠指哪打哪、配置资源的"长官意识"，另一方面也提醒有关部门，需要密切跟踪分析资金的动向和机制，需要建立跨区域、跨部门、实时的数据监测系统，防止区域性、系统性风险发生。第三，对于本书中提及的各种金融创新，需要用辩证统一的思维去分析，既不能一味纵容，也不能"一棍子打死"。这些年我国的金融创新体现了金融机构在管理、技术和业务拓展等领域的进步，令人眼花缭乱，甚至令十年前轻视我国金融的发达经济体同行也发出感叹。有人将之诟病为"逐利"，但逐利又有何不妥呢？曾几何时，阻碍我国经济金融发展的最大问题就是经济当事人都不逐利，乃至不干活、不思进取。没有逐利驱动的创新，监管附加于社会经济运行的成本就无法最小化，监管本身也必将固化，以至于监管存在的必要性亦不复存在。

最后，笔者感谢各位读者，你们原谅了我们在报告中出现的各种错误，是你们的支持使得我们过往的报告再版数次还销售一空。笔者必须感谢本书各位合作者。我们一起合作相处十年之久，从未辉煌过，也曾过于骄傲地自以为从未被超越过，但我们一起经历过。

人生，无非是在这个世界中的体验。恭祝各位，快乐就好。

第一章 | 银行理财资金流向及机制分析

一、资金流向分析：非标占主导　　　　　　　　　　　　003

　　（一）资金流向测算：结构化主体　　　　　　　　　　004

　　（二）关键指标测算：关注自融资　　　　　　　　　　007

二、资金流向机制：演进中创新　　　　　　　　　　　　010

　　（一）同业理财模式：非标资产投资　　　　　　　　　011

　　（二）银信合作模式：管理财产信托　　　　　　　　　013

　　（三）银证通道业务：替代银信合作　　　　　　　　　015

三、未来展望：谁是下一个？　　　　　　　　　　　　　017

附录1　保本＆非保本理财资金流向数据　　　　　　　　020

附录2　银行理财市场发展概览（2004～2017年）　　　　021

本文以"宽口径"的保本理财、非保本理财和结构化主体为基准,分析银行理财的资金流向及其机制,并以31家上市银行的年报数据为基准,测算、分析银行理财的规模和结构。银行理财的总体规模由2012年的5.58万亿元增加到2016年末的33.64万亿元,其中,保本和非保本理财的资金流向以流动性资产和债券市场投资为主,以非标资产投资和权益类资产投资为辅;结构化主体则以"应收账款"类的非标投资为主,以其他投资为辅。汇总后的非标资产投资规模为12.55万亿元,占2016年末银行理财规模比重为37.31%,远高于排名第二的债券市场投资占比。在与监管政策的博弈过程中,非标资产业务的投资模式也在演进中创新,基本路径是"同业理财——银信合作——银证通道",其中,后者多是前者限于监管环境下的替代而已。展望未来,银行理财发展前景可期,规范渐明,监管要义在于规范"非标资产"投资,文末将给出三点疑问供讨论。A

一、资金流向分析:非标占主导

为全面分析银行理财的资金流动情况,我们将银行理财业务分为保本、非保本和结构化主体三类。将结构化主体纳入考察范围的主要原因在于,商业银行年报中明确提出结构化主体的资金来源是商业银行的直接投资或将其拆分产品份额进行交易,"拆分产品份额"意为将其拆分成理财产品卖给投资者。即便是直接投资,其投资方向也是非银行金融机构发行的金融工具,如信托计划或证券公司资管计划以及基金子公司资管计划等,即"大资管"。保本、非保本和结构化主体三类产品或业务的收益水平逐级提高、风险水平逐级提高、入表程度以及商业银行的主导程度依次降低(见图1)。例如,份额化交易的表外结构化主体业务,其收益水平和风险水平均居首位,而商业银行对该类业务的主导程度也最低。三者的存量规模汇总由2012年的5.58万亿元增长到2016年的33.64万亿元,增幅约为5.02倍。其中,非保本产品和结构化主体是近年来银行理财业务的主要增长点,非保本产品的增幅为4.77倍,而结构化主体则由2012年的8816.8亿元增长12.17倍后达到2016年的11.61万亿元(见图2)。

本章作者:王增武。

图 1　银行理财分类及主要特点

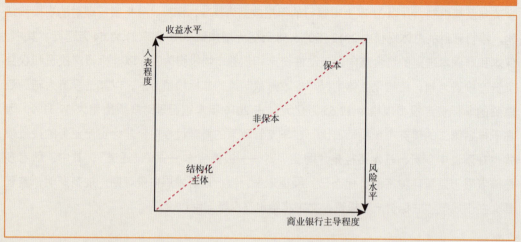

资料来源：作者绘制。

图 2　银行理财市场汇总规模与分类占比情况

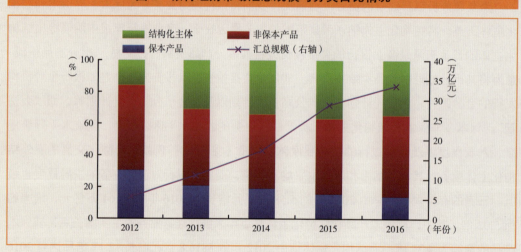

（一）资金流向测算：结构化主体

为能"穿透"分析银行理财的资金流向问题，我们以 31 家上市银行的年报数据为准，结合中债登的银行理财年度报告和财富管理研究中心的数据等，前述及以下图表数据来源不再单做说明。为方便起见，我们统一给出相关数据的测算标准。

●数据长度选择，自 2012 年起至 2016 年止，未公布 2016 年年报的将以截至 2017 年 4 月 15 日公布的定期报告数据为准。

● 缺失数据补充，以完整数据表现均值为基准或利用插值法等，如利用完整非保本 / 余额的均值来计算非保本或余额中的缺失数据。

● 分类数据测算，以汇总数据均值为基准，如年报中公布信托计划及资管计划规模总额，则将该总额的 1/2 分别列在信托计划和资管计划名下。

● 应收账款测算，以年报公布数据为基准，未公布或信息不全者将全部计入应收账款。

● 无法测算或未公布数据均记为零。

首先，我们给出保本和非保本产品的资金流向测算。以中债登发布的年报数据为基准（见附录 1），将现金及银行存款和货币市场工具归入流动性管理投向工具（流动性资产），将债券投向归为债市投资，将权益类投向归为股市投资，将非标准化债权投资归为非标资产投资，而余下的公募基金、金融衍生品、产业投资基金、新增可投资资产、理财直接融资工具、代客境外理财 QDII 和另类资产归为其他投资项。据统计，截至 2016 年末，31 家上市银行的保本、非保本理财规模总量为 22.02 万亿元，占银行理财市场总体规模 26.4 万亿元的比重为 83.41%，所以对 31 家上市银行的数据表现进行分析颇具代表性。就数据总体表现而言，流动性资产占比均值约为 36%，债市投资约为 32%，股市投资比例约为 7%，非标资产的投资比例约为 22%，其他资产的投资比例不足 5%。就数据时序表现而言，流动性资产和非标资产投资占比先升后降，债市投资占比先降后升，在 2016 年达到峰值 40.42%，而此与债券市场的加杠杆委外投资和债市违约时点基本吻合（见图 3）。这表明保本和非保本理财的资金流向以流动性工具和债券市场为主。

图 3　保本 & 非保本理财的资金投向情况

　　其次，我们测算结构化主体的资金投向问题。年报公开数据显示，结构化主体的投资方向为同业理财、证券基金、信托计划和证券资管四大主体，同业理财和银信合作是结构化主体经久不衰的两大投资方向，而证券资管则是结构化主体投资新的增长极——此与"8号文"等监管新规对银信合作的限定等密切相关。2016年末，结构化主体中投向证券资管的规模为5.26万亿元，占结构化主体总量的42.39%（见图4-A）。进一步，从"穿透原则"出发，结构化主体在商业银行报表中对应的会计科目有"应收账款投资""买入返售投资""持有到期投资"以及"以公允价值计量且计入当期损益的金融资产"等。鉴于此，我们将"应收账款投资"和"买入返售投资"之和统计为"非标投资"，结构化主体投资总额与非标投资差额的四分之一分别对应于流动性投资、债市投资和股市投资以及其他等。由此得到的结果显示，结构化主体投资非标资产的比例几乎在80%以上，只是在2016年的"强监管"下略有例外，比例为76.72%，不过其时序总体呈先升后降趋势（见图4-B）。简言之，结构化主体的本质在于借"通道"投资非标资产。

图4　结构化主体的资金投向情况

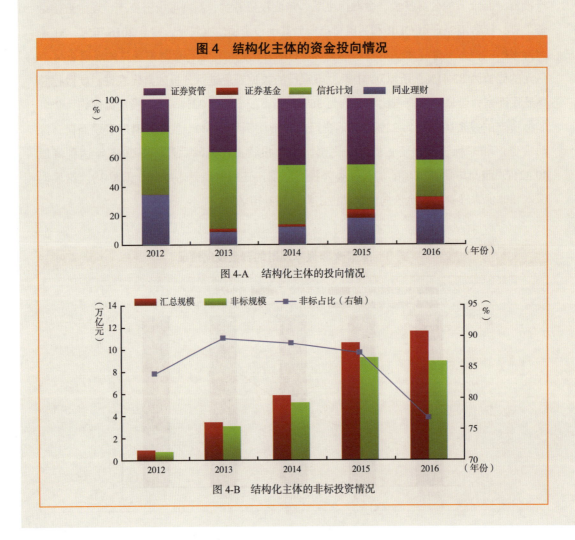

图4-A　结构化主体的投向情况

图4-B　结构化主体的非标投资情况

最后，我们将前述测算的保本／非保本理财以及结构化主体的规模资金流向合并，得到银行理财总体资金流向的规模测算。总体而言，流动性工具、债券市场和非标资产是银行理财资金的三大投资方向。以 2016 年数据为例，三者的投资规模之和为 30.81 万亿元，占银行理财资金总体规模的比例为 91.6%，其中非标资产投资规模为 12.55 万亿元，以股票为代表的权益类投资规模为 2.16 万亿元（见图 5）。

图 5　银行理财的资金流向情况

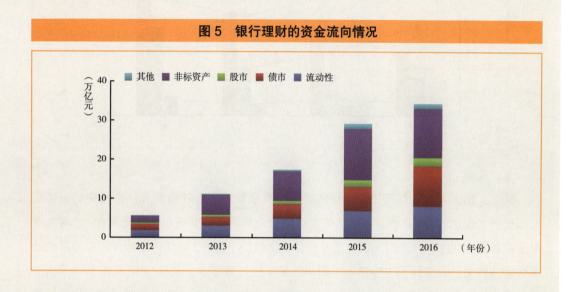

（二）关键指标测算：关注自融资

事实上，关于银行理财的资金流向规模众说纷纭。下面我们利用年报中的样本数据对一些关键指标进行测算，如委外投资、资金池、房产投资和地方政府融资等。尤其值得关注的一个指标是商业银行的内部融资，即商业银行自有资金与银行理财市场之间的流动性拆借。

第一，2016 年末商业银行向非保本理财进行的流动性输入规模达到 1.8 万亿元。工行、交行、招行、中信和中行是公布内部融资数据完全的样本，主要方式有资金拆借、买入返售或债券买卖等，以其融资规模占其非保本理财规模的比例为样本，取样本占比最小值、均值和最大值作为内部融资规模占比的低、中、高三种情形计算基准，测算银行理财市场银行自有资金与非保本理财之间的资金拆借规模，2016 年末测算的中等情景下规模约为 1.8 万亿元（见图 6）。进一步，内部融资占非保本理财规模的比例均值在 2013 年到 2016 年间呈先降后升态势，2016 年的均值为 8.19%，最大值为 13.69%。事实上，银行理财向非保本理财"输血"的本质等同于银行理财利用自有资金投资非保本理财或进行表外信贷投放，无论合规与否，由此造成的潜在流动性风险不容忽视。

图6　银行自有资金拆出非保本理财的情况

第二，2016年商业银行理财市场的委外投资余额约为5.61万亿元。市场中只有中信银行公布其保本／非保本理财和结构化主体的委外规模，以其占中信银行保本／非保本理财余额和结构化主体余额的比例为基准，以该比值的1/2和2倍作为低情景和高情景的计算依据，以前述基准作为中等情形（即中情景）的计算基准，测算2016年末的中等情形委外规模约为5.61万亿元（见图7）。总体而言，保本／非保本理财的委外规模占比明显高于结构化主体的委外规模占比，除2015年二者基本持平外，其他年份前者几乎均是后者的两倍，造成这一现象的主要原因是结构化主体本身就是一种"委外"。

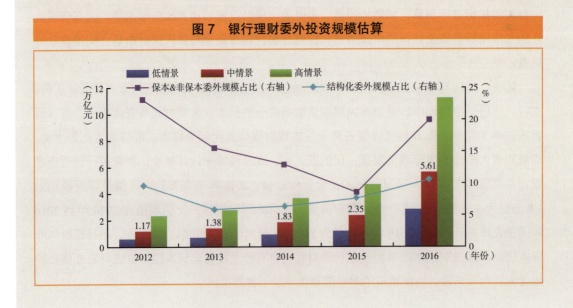

图7　银行理财委外投资规模估算

　　第三，2016 年末保本 / 非保本理财业务的资金池运作余额在 3 万亿元左右。31 家上市银行中只有宁波银行公布其资金池余额，以其占保本 / 非保本理财规模的比例为基准，以该值的 5 倍、10 倍和 20 倍分别作为低、中、高三种情形进行计算，由此而得的 2013 ～ 2016 年的中等情形资金池规模时序数据分别为 0.68 万亿元、0.56 万亿元、3.27 万亿元和 2.55 万亿元，2016 年末资金池规模的低情景和高情景测算规模分别为 1.27 万亿元和 5.09 万亿元，这表明 2016 年末银行理财资金池规模的区间下限为 1.27 万亿元，区间上限为 5.09 万亿元，大概率事件的规模约为 2.55 万亿元。其中，宁波银行 2013 年至 2016 年的该资金池余额占比分别为 0.89%、0.50%、1.79% 和 1.16%，2016 年占比下降的主要原因在于监管层三令五申严禁资金池业务。

　　第四，2016 年末银行理财投资房地产市场和地方政府融资平台的规模分别约为 1.66 万亿元和 0.97 万亿元。目前，招商银行公布其房地产和地方政府融资平台的理财资金来源情况，其中关于房地产投向的原文描述为 "本公司境内公司房地产广义口径风险业务余额 3316.21 亿元（含实有及或有信贷、债券融资、自营及理财非标投资业务）"。鉴于此，我们以 3316.21 亿元中的四分之一作为理财非标投资房地产的规模，以其占该银行非保本 & 保本规模的比例为基准，以基准的 1 倍、2 倍和 3 倍作为银行理财投资房地产规模的估算口径，中等情形下 2014 年至 2016 年银行理财投资房地产的资金规模分别为 1.93 万亿元、1.66 万亿元和 1.66 万亿元，2016 年末银行理财投资房地产规模的波动区间下限和上限分别为 0.83 万亿元和 2.49 万亿元。2016 年年报中关于理财投资地方政府融资平台的原文描述为 "地方政府融资平台广义口径风险业务余额 3586.94 亿元（含实有及或有信贷、债券投资、自营及理财非标投资等业务）"，同理可测算 2014 年至 2016 年理财资金投向地方政府融资平台的比例依次为 6.57%、3.54% 和 2.21%，以前述三值的 1 倍、2 倍和 3 倍分别作为低、中、高情形的计算依据，中等情形下 2014 年至 2016 年银行理财投资地方政府融资平台的规模时序数据分别为 1.49 万亿元、1.29 万亿元和 0.97 万亿元，2016 年银行理财投资地方政府融资平台的规模下限和上限分别为 0.49 万亿元和 1.46 万亿元。

　　第五，银行理财非标投资规模是如何统计出来的呢？31 家商业银行中招商银行和哈尔滨银行公布了 2013 年以来的非标投资规模，计算其占非保本 / 保本理财规模比例并与中债登公布的非标投资占比进行比较，一个明显的特点就是计算得出的哈尔滨银行和招商银行的非标投资占比均小于中债登公布的非标占比，且在 2015 年和 2016 年二者的差距明显增大（见图 8），可能的原因至少有三：其一，年报数据失真，即两家银行公布的非标投资规模小于其实际投资规模，这种可能性不大；其二，国有银行非标投资比重大，招商银行是股份制银行，哈尔滨银行是城商行，而农商行总体规模不大，所以一个可解释的理由就是国有银行的非标投资规模占比过高；其三，除这两家之外的 29 家银行非标投资规模均过大，当然就数据表现而言，这是事实，否则不可能出现单个占比低于行业总体平台的情况。

图8　银行理财非标情况数据占比

第六，理财资金投资股票市场的主要业务是两融受益权、二级市场配资以及股票质押融资业务等。2015年，招商银行年报数据显示，理财资金投资两融受益权业务的余额为275.70亿元，比2014年末减少390.07亿元；理财资金投资股票二级市场配资业务的规模约为300亿元；理财资金投资股票质押融资业务的规模为244.42亿元。除此之外，未见其他银行在公开渠道公布理财资金投资股票市场的规模数据。

二、资金流向机制：演进中创新

银行理财资金投资相关市场不外乎直接投资和间接投资两种方式，其中间接投资又可分为结构化票据和结构化主体两种形式。以股票市场投资为例，直接投资方式如新股申购型产品或二级市场投资产品等，间接投资方式如挂钩股票指数的结构化产品以及银信、银私、银资合作或FOF、MOM等，典型案例如以市场配资为主要功能的伞型信托等。直接投资和结构化票据是2012年以前乃至2008年银行理财市场业务的主要表现形式，而2013年以来的主要表现形式则是结构化主体。结构化主体的演变路径是同业理财、银信合作和银证合作，这一变化内在的原因则与监管指向有关，如同业理财的发展是由于银监会规定商业银行不得利用理财资金购买本行的信贷资产，而银信合作的发展则是由于银监会规定商业银行之间不能开展贷款对倒业务，至于银证合作的缘起则是银信合作按规定需要入表和计提风险。当然，绕开产业政策规制也是理财结构变化的原因之一，这些政策如2008年起开始限制对高耗能、高污染和产能过剩行业的贷款，以及2010年新一轮房地产调控和对地方融资平台的限制等。下面，我们主要介绍同业理财、银信合作以及银证通道业务的交易结构模式。

（一）同业理财模式 [1]：非标资产投资

从交易模式来看，卖断式交易模式、买断式回购交易模式以及质押式回购交易模式是同业理财的三种普遍模式。鉴于信托受益权质押没有明确的法律依据，质押没有法律效力，非标资产交易采用质押式回购交易模式可能存在法律瑕疵。所以，卖断式交易模式和买断式回购交易模式是市场中主要的两种同业理财模式。卖断式交易即 A 银行理财产品（"出让方"）将其投资的非标资产转让给 B 银行理财产品（"受让方"）并由 B 银行理财产品支付相应的受让价款的业务活动。通过卖断式交易，在非标资产对应的全部权利由出让方转移至受让方的同时，非标资产在未来可能发生的风险也转移至受让方。

而买断式回购交易则不同，其含义为 A 银行理财产品（"正回购方"）在将其持有的非标资产出售给 B 银行理财产品（"逆回购方"）、逆回购方在首期结算日（转让成交日）向正回购方支付首期资金结算额的同时，交易双方约定在将来某一时间（到期结算日）由正回购方以约定价格（到期资金结算额）从逆回购方购回非标资产的业务活动。买断式回购交易是包含两次结算的一次交易行为。初始交易后，非标资产对应的全部权利由正回购方转移至逆回购方。但根据合同约定，正回购方将在到期结算日以约定价格从逆回购方购回非标资产。同时，由于交易双方都是银行理财产品，具有银行信用，因此买断式回购交易模式在一定程度上降低了逆回购方购买非标资产所承担的风险，有利于银行简化内部审批流程，缩短内部审批时间，进而提高了银行理财非标资产的流动性。

下面，我们以票据类资产、信托贷款类资产、带回购条款的股权性融资（卖断式交易）、带回购条款的股权性融资（买断式回购交易）以及直接投资非标资产等五种非标资产的交易结构为例来剖析同业理财的交易结构。首先是票据类资产的交易结构，其交易流程如下（见图 9-1）：A 银行作为理财产品管理人发起理财产品 A，募集资金投资商业汇票；A 银行拟出售理财产品 A 时，在中债登的银行理财非标资产交易平台将票据资产包进行登记；B 银行设立理财产品 B，以理财产品 B 募集资金购买 A 银行在交易所平台登记的票据资产包；票据资产包由初始出让方即 A 银行进行审验、保管、托收以及托收资金归集，最终以票据资产包产生的现金流偿还产品 B 投资者的本金及收益。

其次是信托贷款类资产的交易流程（见图 9-2），C 银行理财产品将其投资的 B 信托单一资金计划受益权以卖断的方式转让给 E 银行理财产品，E 银行理财产品向 C 银行理财产品支付受让价款。同时，E 银行委托 C 银行（项目初始转让行，即非标资产发起管理人）对该项目进行后续管理。

再次是带回购条款的股权性融资（卖断式交易）（见图 9-3），E 银行理财产品将其投

---

[1] 李洁怡主编《银行非标资产交易解读和案例》，中信出版社，2015。

资的 D 信托单一资金信托计划受益权以卖断的方式转让给 G 银行理财产品，G 银行理财产品向 E 银行理财产品支付受让价款。同时，G 银行委托 E 银行（项目初始转让行，即非标资产发起管理人）对该项目进行后续管理。与卖断式交易不同，买断式回购交易模式在转让时双方约定在将来某一日由 E 银行理财产品向 G 银行理财产品以约定价格回购该信托计划受益权。到期时，E 银行理财产品向 G 银行理财产品支付合同价款，信托受益权重新回归 E 银行理财产品。

最后是直接投资非标资产的情况（见图9-4），B 银行理财产品将持有的 A 公司特定债权以卖断的方式转让给 C 银行理财产品管理人，C 银行理财产品管理人向 B 银行理财管理人支付转让价款。特定债权到期时，A 公司向 C 银行理财产品管理人支付投资本金及收益。

图9 同业理财非标投资交易结构示意

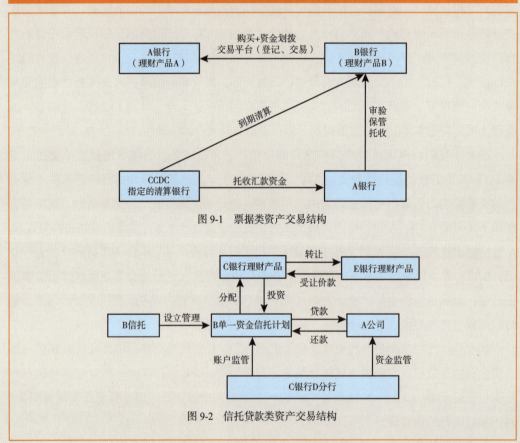

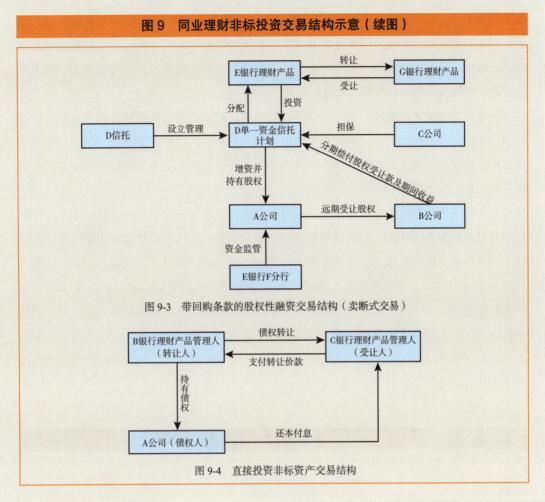

图9 同业理财非标投资交易结构示意（续图）

图9-3 带回购条款的股权性融资交易结构（卖断式交易）

图9-4 直接投资非标资产交易结构

资料来源：作者绘制。

（二）银信合作模式：管理财产信托

如前所述，银信合作的缘起是同业理财的"被监管"。所以，在运行过程中，银信合作中的信托公司基本充当同业理财中的 B 银行，即前述的票据类资产交易结构和信托贷款类资产交易结构等在银信合作模式均成立，可将其归为银信合作的信托渠道模式。广义而言，银信合作的其他模式还有银信合作理财、集合资金信托计划代理、信托财产托管业务合作、集合资金信托项目担保业务、银信接力贷款业务以及财产受益权转让等。其中与银行理财资金流向相关的三类业务分别是银信合作理财、银信接力贷款以及财产受益权转让。

银信合作理财即商行面向机构及零售客户发行理财产品，将募集资金设立集合或单一资金信托计划，按照事先约定的投资计划和策略投资上市公司股权等权益类资产以及固定收益类资产等。以上市公司股权投资为例，第一步是商业银行委托信托公司设立信托计划，第二步是信托公司成立信托计划并按约定投资上市公司股权，第三步是融资企业将被投资股权按一定的折扣率质押给信托计划，第四步是融资企业或第三方按约定的价格回购质押股权并支付理财产品投资人本金和收益（见图10-1）。

银信接力贷款业务是指对双方共同认可的项目，信托公司前期通过其投资功能，以股权投资的形式介入目标项目，将目标项目培育到双方共同认可的成熟度或期限后，银行承诺以信贷资金或理财资金进入，银行信贷资金或理财资金的主要用途是溢价回购信托公司的初期股权投资（见图10-2）。

财产受益权转让是企业A以自有资产委托信托公司设立一个财产权信托计划，信托计划的受益人是企业A本身，同时将信托财产过户到信托公司名下，然后再由银行通过理财产品募集资金受让企业A的财产权信托计划受益权（见图10-3）。就其本质而言，该模式仍是企业A从银行获得贷款融资（理财资金），只是在加入财产的模式下，企业A以类似质押融资的方式身兼融资企业和"过桥"企业的双重角色。银信合作理财、银信接力贷款业务以及财产受益权转让三类业务中当属财产受益权转让模式最值得关注，因为该业务的本质在于以管理财产信托为名，行信贷投放之实，而且造成信托行业管理财产信托的增加和资本计提的减少等。

图10　银信合作的三类业务模式

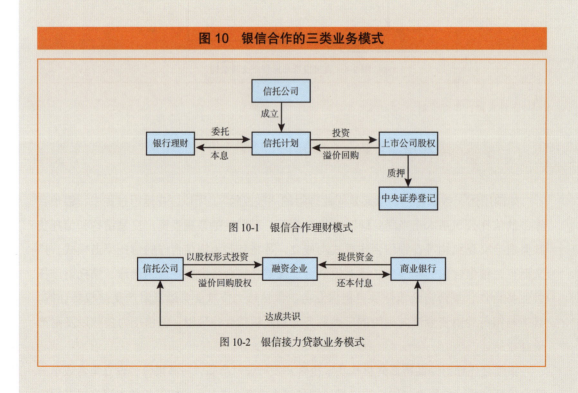

图10-1　银信合作理财模式

图10-2　银信接力贷款业务模式

图 10　银信合作的三类业务模式（续图）

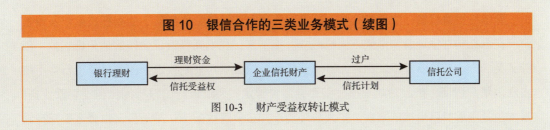

图 10-3　财产受益权转让模式

资料来源：作者绘制。

（三）银证通道业务：替代银信合作

银证合作是银信合作的替代品，原因在于 2011 年 7 月银监会要求银行理财产品通过信托发放的信托贷款、受让信贷资产、票据资产三项于 2011 年底转入表内，并按规定计入风险资产和计提拨备。商业银行为实现信贷资产出表，在原有的银信合作链条中增加了证券公司环节，下面我们以信托收益权转让为例来说明该模式。

假定银行 A 的企业客户向银行 A 申请一笔贷款，为此银行 A 以信托受益权为平台，联合信托公司、银行 B 和证券公司在出资方和融资方之间搭建融资通道，银行 A 和银行 B 之间做同业理财，签订同业理财协议，银行 B 和证券公司之间签订定向资管合作协议，再由证券公司委托信托公司设立单一资金信托计划，最后由信托公司和贷款企业签订股权收益权及回购合同。交易结构的本质在于银行 A 与融资企业之间的贷款投放过程中，增加了银行 B、证券公司和信托公司三个环节。鉴于此，银行 A 形式上投资实际上贷款，银行 B 形式上理财实际上过桥，证券公司形式上资管实际上过桥，信托公司形式上信托实际上过桥，融资企业形式上使用信托资金实际上使用的是银行资金。

图 11　银证合作信托受益权转让交易结构示意

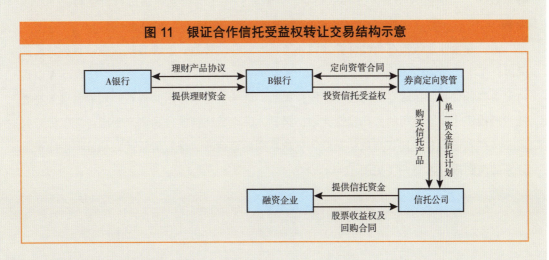

资料来源：作者绘制。

除信托受益权转让交易结构外，原有同业理财和银信合作框架下的委托贷款以及票据资产交易结构在银证合作框架下同样成立。接下来，我们阐释银证合作的信用证划款、债券买卖、一天存款以及银证保合作等交易结构。银证信用证划款通道业务是开证行为不挤占表内信贷额度、扩大存款规模、借助券商资管定向通道进行的银行间信用证划款业务，其本质是突破贷款规模的限制，扩大表外资产。主要流程如下：第一步，由资金委托行银行 A 以理财资金委托证券公司成立定向资产管理计划；第二步，证券公司作为定向资产管理计划的管理人将委托资产投资于银行 B 的信用证项下应收账款收益权；第三步，信用证到期后，由开证银行 C 对信用证进行到期兑付，到期兑付资金由银行 B 托收后返还定向计划，再通过定向计划返还委托银行，其中委托行通常要求开证行以保函方式或者定向计划收益权远期转让的方式对信用证进行兜底（见图 12-1）。

银证合作债券买卖业务的要义在于证券公司通过发行定向计划参与银行债券的分销，为客户提供较高固定收益率的固定收益产品，并为客户提供质押融资服务。该项业务的主要优势在于：第一，与直接在银行购买债券相比可获得更高的收益；第二，可以突破 10% 的比例约束；第三，客户可以将购买的债券用做质押回购式融资。操作流程是首先由投资者委托证券公司成立定向资管计划，然后证券公司作为定向资管计划的管理人将委托资产投资于银行分销的债券（见图 12-2）。

银证合作现金类同业存款业务的本质在于通过市场化的利率议价吸引储蓄，缓解银行的流动性压力，完成时点同业存款考核。分三步完成该交易结构：第一步，资金委托银行 A 以理财资金设立证券公司定向资产管理计划；第二步，证券公司作为定向资管计划的管理人将委托资产投向银行 B 的同业存单，期限利率与银行商定；第三步，同业存款到期后资金通过券商定向计划回到委托银行账户（见图 12-3）。简言之，这是银行 B 为冲时点存款规模，与银行 A 协定同业存款利率，并借助券商定向资管通道进行资金转存的一项业务。

银证保合作业务旨在通过证券公司通道将同业存款转为一般性存款，在计算存贷比的同时，扩大商业银行一般存款规模。银证保合作的步骤有四：第一，资金委托银行 A 以理财资金委托证券公司成立定向资管计划；第二，证券公司作为定向资管计划的管理人将委托资产投资于保险公司的资产管理计划；第三，保险资产管理公司资产管理计划以保险公司名义存入银行 B 的协议存款；第四，存款到期后资金通过保险资管计划和证券定向资管计划回流到银行 A 账户（见图 12-4）。

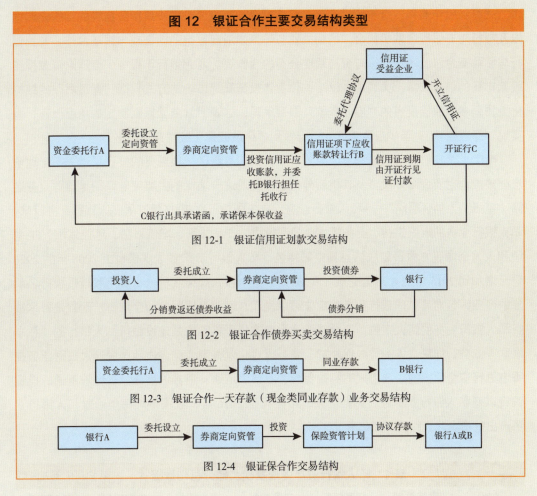

图12　银证合作主要交易结构类型

图 12-1　银证信用证划款交易结构

图 12-2　银证合作债券买卖交易结构

图 12-3　银证合作一天存款（现金类同业存款）业务交易结构

图 12-4　银证保合作交易结构

资料来源：作者绘制。

三、未来展望：谁是下一个？

　　为测算和分析银行理财产品资金流向的规模和机制，我们将保本理财、非保本理财和结构主体纳入统一框架下进行考察。总体而言，保本和非保本理财的资金流向以流动性资产和债券资产为主，兼顾非标资产投资等；结构化主体的资金流向则以非标资产投资为主。在关键指标测算中，我们需重点关注自融资规模和委托投资规模两个数据，因为二者分别对应着流动性风险和交易对手风险。

　　直接投资和间接投资是理财资金投资市场的两种主要方式，其中结构化票据和结构化主体是间接投资的两种方式，结构化票据在市场中已经日趋减少，结构化主体以同业合作为主，资金投向以应收账款的非标资产投资为主。其中，关于股票市场投资问题，直接投资方式有新股申购和二级市场投资等，间接投资则有股票或与股票指数挂钩的结构化票据以及银行与非银行金融机构合作的相关业务等，如浙商银行的银证或与银基合作、商业银行与私募基金以及商业银行与资产管理公司的合作等。商业银行年报中少有理财资金投资股票市场的信息披露，实践中多以结构化主体投资股票市场的方式，而"穿透后"的结构化主体则多以非标投资的"应收账款"面目呈现，这表明就监管规则制定的角度而言，为实现"穿透监管"，至少应要求商业银行做到"穿透披露"或"穿透申报"。

事实上，在前述的理财资金流向分析中，我们忽略了一项重要的投资渠道——全球资产配置或理财资金海外投资及其机制分析，而实现这一功能的主要突破口则是理财业务这颗"皇冠"上的"明珠"——私人银行业务。自中国银行在2007年开展私人银行业务以来，私人银行业务的组织架构、业务模式、盈利模式、产品体系、增值服务、风控体系、IT系统和人力资源等方面日趋成熟且具中国特色，私人银行资产管理规模也由2008年的2926亿元增加到2016年的8.35万亿元（见表1）。进一步，如果我们分析资产管理规模排名前五的商业银行对其私人银行业务的定位可以发现，家业治理服务和全球资产配置是各家银行私人银行业务的两大定位，而全球资产配置的代表机制则是建设银行私人银行的"私享联联"业务，即双法人的"内保外贷"业务模式。以香港为例，内地居民通过理财业务在香港进行资金配置的主要方式有高端保险、股票沪港通、债券沪港通、基金沪港通、投资银行以及私人银行业务等。另据估算，2011年至2016年，我国平均每年通过私人银行业务流出的资金规模约为340亿美元。

表1 私人银行资产管理规模及部分机构数据 单位：亿元人民币

年份	资管总额	招商银行	工商银行	建设银行	中国银行	农业银行
2008	2926	1299	749	878		
2009	8186	1814	2550	1308	1500	
2010	10952	2703	3543	1793	1667	
2011	18818	3699	4345	2241	3000	3400
2012	26341	4342	4732	2918	4500	3960
2013	35985	5714	5413	3968	5700	5050
2014	46621	7526	7357	4687	7200	6400
2015	63200	12500	10600	6231	8100	8077
2016	83515	16595	12100	7863	10000	8184

资料来源：表中涉及商业银行的年报数据。

秉承防范金融风险的基本指导思想，"一行三会一部一委一局"会同其他相关部门相继出台与资产管理相关的指导原则或监管细则，如《关于规范金融机构资产管理业务的指导意见》以及银监会的"三套利"监管等。微观层面，监管层也通过行业协会或半官方机构对银行理财市场的相关业务进行了规范，如 2017 年 5 月 15 日，中国理财网披露《关于进一步规范银行理财产品穿透登记工作的通知》（理财中心发［2017］14 号），要求进一步规范银行理财产品的穿透登记工作。对于银行理财资金购买各类资产管理计划，和通过与其他金融机构签订委托投资协议的方式进行投资的情况，必须通过理财登记系统对底层基础资产或负债进行登记，即与"穿透监管"、"穿透披露"和"穿透申报"相容的"穿透登记"。再如，建设银行私人银行的"私享联联"海外资产配置业务也受到了外管局的关注。

无论是国际市场发展趋势，还是国内市场发展前景，乃至个案对比分析均证明一个观点：国内资产管理业务发展是大势所趋且潜在空间巨大。如 2015 年底中国工商银行和摩根大通的资产规模分别为 3.42 万亿美元和 2.35 万亿美元，前者是后者的 1.45 倍，AUM 分别为 0.57 万亿美元和 1.72 万亿美元，前者只占后者的 33.13%，即不到 1/4，差距之大显而易见。进一步，如果分析单位资产的 AUM 规模，可以看到，摩根大通的单位资产 AUM 规模为 0.73，而中国工商银行的单位资产 AUM 规模仅为 0.17。从时序数据来看，2006 年至 2015 年摩根大通的平均单位资产 AUM 规模为 0.65，而中国工商银行的对应指标仅为 0.18。特别的，如果只考虑 2014 年和 2015 年两年的数据表现，则中国工商银行相应的指标值仅为 0.14。简言之，中国工商银行资产规模是摩根大通资产规模的 1.45 倍，而摩根大通单位资产 AUM 规模则高至中国工商银行近 5 倍，二者在资产管理方面的发展差距显而易见（见图 13）。

图 13　工商银行和摩根大通资产规模及 AUM 对比分析

注：①工行 AUM 统计口径说明，2006 年至 2013 年以其代销的资产管理规模为准，2014 年和 2015 年以其理财产品余额和私人银行 AUM 之和为准。

②以年末美元兑人民币汇率为基准，折算工行的相关指标。

资料来源：各自银行年报，经作者整理。

  展望未来，以银行理财为代表的国内资产管理业务潜在发展空间巨大，《商业银行理财业务监督管理办法》（两次征求意见，据报道即将推出）将为其保驾护航。总体而言，监管层的要义在于将银行理财引导至"打破刚兑"的净值型资产管理业务，使其在做好资产管理转型的同时更好地服务于实体经济。银行理财业务自 2005 年开创以来，历经了 2008 年全球金融危机前后和 2017 年"防范金融风险"前后的两轮"强监管"。第一轮"强监管"的结果是"结构化产品/票据"的消失，原因在于全球金融危机后引发的股票市场和商品市场的回调导致大量的股票挂钩和商品挂钩结构化产品出现了零收益或负收益，甚至导致部分购买"Accumulator"类产品的投资者出现了高额负债。本轮"强监管"的结果则有可能导致"结构化主体或嵌套业务"的消失，因为该类业务造成（理财）资金在金融体系内空转、降低资金使用效率、抬高资金使用价格而且积聚潜在的金融风险。纵览 2005 年至今的理财业务创新，除体现资产管理能力的结构化产品/票据外，银信、银证或银基以及银证保等机构间业务合作或嵌套业务的中心目标之一是规避商业银行的信贷规模约束，也即文中测算的 12.55 万亿元的非标投资。试想如果在合理的范围内新增 12.55 万亿元的信贷规模，可否实质性地解决问题？本轮"强监管"下如果消失的"结构化主体或嵌套业务"又将会以何种新面目呈现或被何种新业务模式替代？而"新面目"或"新业务"又将以何种方式"消失"？

附录 1　保本 & 非保本理财资金流向数据

时间	2013 年	2014 年	2015 年	2016 年
债券	27.09%	29.78%	29.94%	43.76%
现金及银行存款	25.62%	26.56%	22.38%	16.62%
非标准化债权类资产	27.49%	20.91%	21.05%	17.49%
货币市场工具	11.55%	13.97%	13.12%	13.14%
权益类投资	6.14%	6.24%	7.84%	6.16%
公募基金	—	1.27%	—	—
金融衍生品	1.12%	0.50%	—	—
理财直接融资工具	0.16%	0.25%	—	—
代客境外理财投资 QDII	0.44%	0.30%	—	—
另类资产	0.37%	0.02%	—	—
其他	0.02%	0.02%	5.67%	2.83%

注："其他"非中债登公布数据，为保证当年各项数据占比之和为 100%，作者补充这一项。
数据来源：中债登公布的《中国银行业理财产品报告》。

附录 2　银行理财市场发展概览（2004 ～ 2017 年）

附图 1　银行理财市场发行数量、募资规模和收益率表现

注：2017 年数据估算的方法是，数量和规模以前三月的月度平均表现为基准，乘以 12 即得年度数据，数量的单位为款，规模的单位为亿元人民币，收益率以前三月的平均表现为基准，以下同，不再予以标注。

数据来源：国家金融与发展实验室财富管理研究中心，以下同，不再予以标注。

附表 1　银行理财发行数量（分发行机构）

年份	城市商业银行	国有商业银行	农村合作银行	农村商业银行	农村信用合作联社	上市股份制商业银行	外资银行
2004	39	12				81	1
2005	36	127				301	31
2006	149	321		1		734	146
2007	277	838	5	6		1378	469
2008	676	1332	8	45	5	3434	587
2009	702	2354	11	113		3752	326
2010	1165	4252	6	178		4682	1422
2011	3677	8744	25	449		9953	1236
2012	10397	12813	137	1838	33	11432	1363
2013	13489	12139	353	3433	112	12086	1544
2014	25384	20165	716	7664	208	19718	1936
2015	31119	21040	1354	10919	523	20522	1878
2016	34949	17934	1576	14371	702	17879	2216
2017（估）	36180	24648	1962	15432	786	15294	2250

附表2 银行理财发行数量（分投资币种）									
年份	澳元	港币	加元	美元	欧元	人民币	日元	新加坡元	新西兰元	英镑
2004	1	24		86	3	19				
2005	6	68	1	274	17	123				6
2006	21	215		592	36	479			2	6
2007	40	364	4	970	102	1484	2			7
2008	274	242	5	710	203	4661	4			32
2009	204	100	15	512	101	6349		1	1	14
2010	385	420	22	871	210	9766	36	3		65
2011	613	599	25	1091	472	21238	85	1	9	114
2012	571	488	20	926	388	35653	95		21	94
2013	338	324	7	638	119	42107	16		34	32
2014	396	370	7	1065	195	74493	1		49	85
2015	356	287		1081	153	86887			51	50
2016	167	110		1179	6	88829	1			90
2017（估）	156	120		990		95616				114

附表3 银行理财发行数量（分结构类型）					
年份	波动型	看跌型	看涨型	区间型	相关型
2004		15	97	21	
2005			455	36	
2006	2	7	1239	98	5
2007			2965	8	
2008	2		5887	58	8
2009	2	12	7142	133	2
2010	4	20	10738	1009	1
2011	7	110	23361	599	5
2012	2	320	37183	405	12
2013	4	458	42655	462	36
2014		653	74700	584	3
2015		529	87424	714	
2016		595	89150	605	
2017（估）		522	95478	2430	

年份	股票	固定收益	汇率	混合	利率	另类	商品	信用	资产池
2004	1	91	4		37				
2005	3	421	39	2	20		9	1	
2006	116	721	91	1	66	4	23	307	22
2007	913	1151	33	7	108	9	59	599	94
2008	393	2357	46	10	139	3	112	2920	151
2009	176	2482	58	5	137	1	56	3128	1254
2010	146	5436	75	1	1096		48	1348	3628
2011	205	13322	251	2	864	1	58	1721	7823
2012	356	24005	691	13	408	2	217	389	12175
2013	426	29169	641	26	330	5	211	282	12525
2014	983	54764	875	38	586	5	390	33	18977
2015	1535	67166	662		591		434	4	18473
2016	1653	69279	323		517		744		17866
2017（估）	1410	78102	354	0	390	0	942	0	15798

附表 4　银行理财发行数量（分挂钩标的）

年份	保本浮动	保息浮动	保息固定	非保本浮动
2004	100			33
2005	85	6		404
2006	680	53	333	285
2007	929	5	561	1478
2008	949	75	410	4697
2009	1731	94	728	4744
2010	3665	187	1878	6048
2011	5597	350	2188	16112
2012	9363	612	4201	24080
2013	9601	757	3210	30044
2014	15970	2263	5431	52993
2015	20151	2411	5744	60556
2016	20452	1897	3566	64467
2017（估）	22140	1332	2976	70548

附表 5　银行理财发行数量（分收益类型）

附表 6　银行理财发行数量（分合作模式）

年份	银保	银信	银银	银证	银基	银交	银资	嵌套[①]
2004								
2005								
2006		44						
2007		233						
2008		499						
2009	1	2081		3				
2010		500						
2011		391						
2012		453	4	14				
2013	3	1795	2	129	50	1	1	76
2014		792	9	562	19		81	35
2015		949	8	703	26		40	38
2016		362		621			267	45
2017（估）		378		720			372	

附表 7　银行理财募集资金规模（分发行主体）

年份	城市商业银行	国有商业银行	农村合作银行	农村商业银行	农村信用合作联社	上市股份制商业银行	外资银行	邮政储蓄银行
2004						41.4		
2005		82.8				24.8	48.6	
2006	474.0	23793.6				1320.1	199.1	
2007	320.0	5375.1	300.0	415.0		14864.8	2108.0	
2008	49382.1	100853.2	650.0	3667.5	50.0	278260.7	17220.8	5943.8
2009	50086.0	1310687.5	675.0	10548.0		614531.8	14637.2	5406.8
2010	100249.1	4459995.9	650.0	28856.0		1401700.3	33739.8	18651.1
2011	528462.8	11560963.3	2345.0	97157.7		6645019.4	41266.7	34514.9
2012	1887187.6	13075662.4	24863.0	369136.9	2710.0	7844465.1	100967.3	144237.5
2013	2675790.9	13922878.1	23185.7	892478.9	16285.2	10804196.5	165488.6	238733.7
2014	6757655.8	21016258.3	58654.7	2122138.2	52244.7	16578800.7	258924.1	469963.7
2015	6931761.0	22144244.1	97793.7	2357901.2	23399.0	15604351.8	264574.8	533450.6
2016	7664716.0	16040906.3	87067.6	2441956.3	19528.8	14257980.0	218912.3	299814.2
2017（估）	9937394.5	19911795.9	148704.4	3415570.0	31140.0	17686269.8	258638.4	298867.2

[①] 数据来源：李洁怡主编《银行非标资产交易解读和案例》，中信出版社，2015。

附表 8　银行理财募集资金规模（分挂钩标的）								
年份	股票	固定收益	汇率	混合	利率	另类	商品	信用	资产池
2004		41.4							
2005		24.8			131.4				
2006	897.9	1614.7	6268.0	23.7	134.5		2492.1	992.0	13363.9
2007	7386.9	2547.6				70.0	450.3	900.0	12028.0
2008	14833.8	150255.2	849.2	465.4	2880.9		3724.2	247584.3	35435.2
2009	16237.2	571528.5	5296.0	296.6	11219.7	100.0	4152.9	683970.1	713770.6
2010	13965.0	1948468.2	17702.9	20.0	32228.3		10713.5	466912.8	3553831.4
2011	8908.3	6151176.3	54169.0	43.9	138799.7	10.0	28553.1	739715.7	11788353.7
2012	28038.9	11197211.1	115549.1	1170.1	449601.6	210.0	304827.8	70304.2	11282317.2
2013	42383.9	14496136.5	192096.1	13110.0	78301.0	600.0	392387.7	12487.7	13511534.6
2014	288073.2	27636294.0	288810.0	21780.0	220482.7	625.0	548081.2	6899.7	18301414.4
2015	562419.9	32110385.3	121241.4		341689.5		422170.5	650.0	14398920.0
2016	622792.7	28084236.4	158096.7		270401.2		474544.0		11420810.5
2017（估）	420617.3	36826865.3	69780.0		97884.9		386034.0		13887198.7

附表 9　银行理财募集资金规模（分合作模式）							
年份	银保	银信	银银	银证	银基	银交	银资	嵌套
2006		44.0						
2007		50.0						
2008		31571.2						
2009	110.0	336089.4		150.0				
2010		125287.4						
2011		146539.1						
2012		214534.8	400.0	7360.0				
2013	1560.0	950756.6	478.6	28308.5	24472.8	150.0	660.0	47480
2014		389440.0	4900.0	113261.6	17621.2		35715.8	24198
2015		298909.5	2520.0	133581.1	28248.5		21395.1	11082.49
2016		118243.0		106855.6			14335.4	7255.66
2017（估）		378000.0		100597.8			28728.0	

第二章 | 银行同业业务与委外投资

一、银行资金的来源与投向　　　　　　　　029

二、银行同业业务的发展回顾　　　　　　　033

三、银行委外规模测算　　　　　　　　　　036

四、银行委外的风险分析及建议　　　　　　041

过去五年，大资管行业成为中国金融体系内发展最快、覆盖面最广的领域。数据显示，2012 年底，国内资产管理总规模为 21 万亿元人民币 [①]；到 2016 年底，大资管行业的资产管理规模已超 100 万亿元。如果剔除涉通道业务，中国市场上真正的资产管理业务规模在 60 万亿 ~ 70 万亿元。

国内从事资产管理的金融机构主要包括商业银行、证券公司、信托公司、保险公司、基金和基金子公司、私募基金和期货公司等，其中，商业银行是我国资管市场最重要的运作主体。一方面，从体量上看银行是国内资管市场的绝对领先者和主导者，根据银行业理财登记托管中心发布的数据，截至 2016 年底，银行理财产品存续余额为 29.05 万亿元，约占全市场资管规模的 1/3；另一方面，其他金融机构资产管理规模的快速扩张与银行委外投资量的增加关系密切。根据我们的估算，截至 2016 年底，包括"通道业务"和"委托投资"在内的宽口径银行委外规模达 25.75 万亿元，即其他金融机构资管产品的资金来源中有 25.75 万亿元来自商业银行。为此，本章聚焦于银行资金的来源与运用、银行同业业务以及银行委外分析，重点从银行委外资产的规模与投向两方面来分析银行的资金流向，最后给出银行委外的风险分析及建议。

一、银行资金的来源与投向

银行资金的来源，主要包括客户存款、同业负债、央行借款、债券和理财产品发行。银行资金的投向，主要包括存放央行、各项贷款、同业资产、债券市场以及各类银行不能直接投资的非标准化债权、股权产品。为了能尽量准确、清晰地说明银行资金的来源与投向情况，我们将中国人民银行公布的《中资全国性大型银行人民币信贷收支表》和《中资全国性中小型银行人民币信贷收支表》中各项资金来源与资金运用分别加总，并根据《其他存款性公司资产负债表》、《存款类金融机构本外币信贷收支表》和《货币当局资产负债表》对存、贷款等数据进行了微调。在此基础上，秉承着"穿透"原则，我们根据 37 家银行 [②] 的年报测算了表内资金运用中投向不甚明确的"其他投资"的规模及其最终投向进行分析。

图 1 展示了我国银行部门的资金来源与运用情况。数据显示，截至 2016 年底，国内银行体现在信贷收支表内的资金来源（运用）合计 207.71 万亿元。资金来源方面，存款虽

本章作者：范丽君。

[①] 殷剑峰、王增武：《影子银行与银行的影子：中国理财产品市场发展与评价（2010~2012）》，社会科学文献出版社，2013。

[②] 包括 5 家国有大型银行、10 家股份制银行、17 家城市商业银行和 5 家农村商业银行。我们整理了 40 家银行 2013 ~ 2016 年的年报，其中 2 家股份制银行和 1 家城商行只公布了银行年报摘要，未包含银行"在第三方机构发起设立的结构化主体中享有的权益"信息，因而无法得知这 3 家银行的表内资金委外情况。

然仍是银行最主要的资金来源，但其占比已由 2010 年初的 85% 降至 68%，相应地，向央行借款、同业负债、发行债券等其他资金来源占比均有不同程度的提高。资金运用方面，贷款在其中的占比也呈现下降趋势，由 2010 年初的 60% 降至 2016 年底的 52%；股权及其他投资在资金运用中的占比在 2014 年四季度后出现快速上升，2014 年 4 季度末，该占比仅从 2011 年初的 1% 上升至 4%，到 2016 年底，银行股权及其他投资规模达 21.30 万亿元，在资金运用中的占比超 10%。

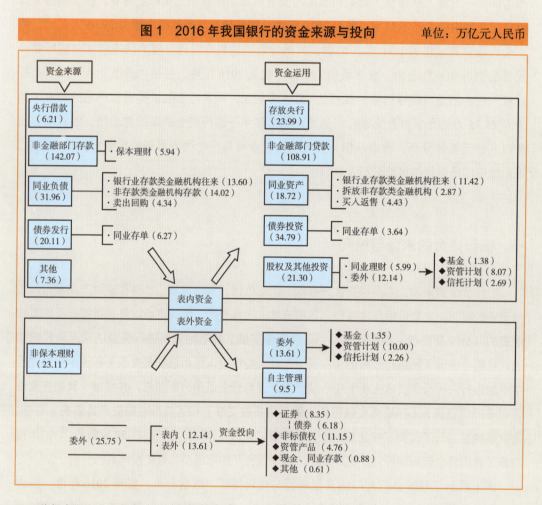

图 1　2016 年我国银行的资金来源与投向　　　　单位：万亿元人民币

数据来源：作者根据央行数据整理。

具体来看，银行的资金来源主要呈现以下几点变化：第一，2013 年后，央行创设了多种货币政策工具，为金融机构提供流动性，2016 年，银行资金来源中的"向央行借款"大幅提升。由于 SLF、MLF、PSL 等工具都需要银行抵押资产才能从央行获得融资，因此拥有大量质押、抵押品的大行更有便利获得充足的低息流动性资金。2016 年底，我们统计的

40 家银行共向央行借款 4.01 万亿元，其中，国有 5 大行向央行借款 2.04 万亿元，12 家股份制银行向央行借款 1.59 万亿元，两类银行借款之和在 40 家银行中的占比超过九成，在银行部门向央行借款总额中的占比近 60%。

第二，股份制银行和城商行同业存单发行呈现爆发式增长，2016 年底，12 家股份制银行同业存单存量规模为 2.90 万亿元，在全部负债中的占比从 2014 年的 1.2% 上升至 2016 年的 7.0%；18 家城商行的同业存单存量规模为 1.31 万亿元，在负债中的占比从 1.6% 上升至 10.2%；同期，5 家国有大行的同业存单规模仅为 773.26 亿元（见图 2）。一方面，同业存单由于可交易、可质押、流动性强，特别是具有不纳入银行同业负债占比口径统计的制度优势，成为中小银行理想的资金筹集渠道。另一方面，在经济增速放缓、"资产荒"的背景下，大型银行为规避风险越来越多地将资金投向安全系数较高的同业存单，供给和需求一拍即合，导致 2015 年后股份制银行和城商行同业存单规模激增。

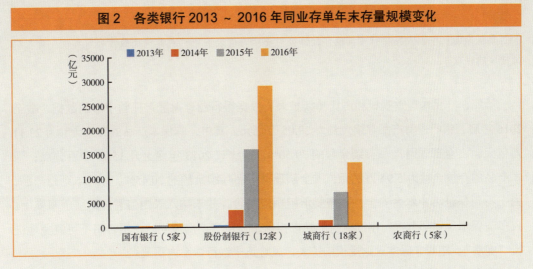

图 2　各类银行 2013 ~ 2016 年同业存单年末存量规模变化

数据来源：根据 40 家银行各年年报整理。

第三，2012 年后，证券、基金、信托、保险、银行理财等非银行金融机构在银行中的存款规模呈持续陡峭式上升（见图 3）。非银行金融机构存款的增加主要来自两方面，一是居民、企业购买理财产品、资管计划等导致的"存款搬家"；二是银行用自营资金购买各金融机构的资管产品。然而，当资管计划仅作为银行投资非标债权的通道时，并不会造成非银存款的增加，银行资产负债表上最终体现的是"借：应收款项类投资；贷：企业存款"。2012 年后非银存款的增加，一方面说明居民、企业以及银行自营资金越来越多地投资于各类理财产品、资管计划，另一方面也说明银行通过非银金融机构的通道业务进入实体经济的资金在下降，很大一部分资金留在了金融体系内。

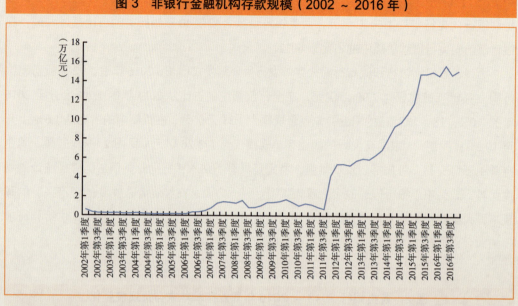

图 3　非银行金融机构存款规模（2002 ~ 2016 年）

数据来源：中国人民银行《其他存款性公司资产负债表》中"对其他金融性公司负债：计入广义货币的存款"。

　　第四，非保本理财规模和占比持续扩大。根据银行业理财登记托管中心的数据，截至2016 年底，银行理财产品存续余额为 29.05 万亿元，其中，非保本产品的存续余额为 23.11万亿元，占全部理财产品存续余额的 79.56%，占比较 2013 年底上升 15.79 个百分点；保本产品的存续余额为 5.94 万亿元，占全部理财产品存续余额的 20.45%。非保本理财产品，由于不用保证客户本金安全，不需要承担相应风险，并未纳入表内监管体系。但事实上，大多非保本理财都有银行刚性兑付的隐性担保，一旦资产出现问题，银行将不可避免地进行"兜底"。随着非保本理财规模的扩大，风险正于银行体系内积聚。

　　资金运用方面最主要的变化表现为，2014 年 11 月以后银行股权及其他投资的规模和占比都呈现快速上升的态势。截至 2016 年底，"股权及其他投资"规模达 21.30 万亿元，在资金运用中的占比超过 10%（见图 4）。其中，"其他投资"主要为银行的同业投资，包括银行投资于信托计划、证券公司和保险公司发行的资产管理计划、基金及基金子公司专户以及他行理财产品等结构化主体。我们根据 37 家银行 2016 年的年报估算了整个银行业表内资金的同业投资规模；在此基础上，结合资金来源为银行的券商定向资管计划、基金专户、基金子公司专户及信托计划规模，估算出表外非保本理财的委外规模，具体估算方法将在本章第三部分介绍。测算结果显示，截至 2016 年底，银行表内同业投资的规模约为 18 万亿元，其中 6 万亿元为同业理财，即投资于他行理财产品；12 万亿元为银行委外（含通道业务）。表外非保本理财资金的委外投资规模约为 14 万亿元，银行自主管理的表外理财规模约为 9 万亿元。结合银行理财产品和其他各类资管产品对外投资的比重，我们进一步测算得出银行委外的最终投向：近 26 万亿元的银行表内外宽口径委外投资中，约有 8 万亿元投向交易所、银行间市场的标准证券，其中投资债券的资金超过 6 万亿元；11 万亿元投向非标准化债权；5 万亿元用于再次购买银行理财和信托、资管计划；近 1 万亿元为同业存款。可以看出，银行表内外委外投资中，超过 30% 的资金投资于以债券和货币基金为主的标准证券，由于这类投资较易被赎回，在监管强化的情况下，会首当其冲受到波及，进而对债券市场和流动性造成冲击。

图 4　银行股权及其他投资规模及占比变化

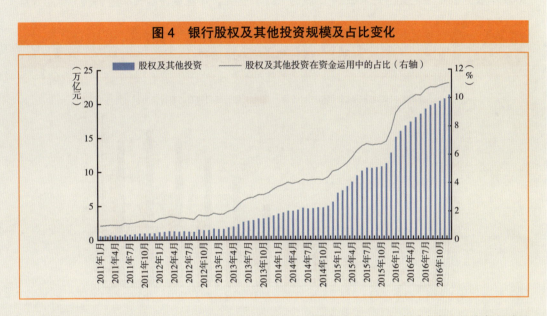

数据来源：中国人民银行《中资全国性大型银行人民币信贷收支表》和《中资全国性中小型银行人民币信贷收支表》。

二、银行同业业务的发展回顾

银行同业业务最初作为短期流动性工具，起着调剂资本头寸、熨平流动性波动的作用。其交易对手包括银行、证券、保险、信托、基金、租赁等各类金融机构，业务类型主要包括同业拆借、同业存款、同业借款、同业代付、买入返售（卖出回购）、同业投资等。

银行同业业务规模的快速扩张始于 2010 年。彼时，监管机构采取信贷额度管理、资本金约束、贷存比管控以及出台针对地方政府融资平台和房地产等重点监控领域的信贷政策等手段，以期优化信贷结构，抑制信贷规模过快增长。但是，市场上的融资需求仍然十分旺盛，同业业务顺势发展，并且另辟蹊径，通过买入返售、同业代付等形式将传统上的资金业务演变为类信贷业务，规模快速增长。图5展示了2005年后银行部门同业净债权的情况。同业净债权由"对其他存款性公司债权 – 对其他存款性公司负债 – 银行部门持有的银行债余额"计算而得。

严格意义上，银行部门"对其他存款性公司负债"与"对其他存款性公司债权"是一一对应的科目，前者加上银行持有的银行债券应该与后者完全相等。然而，事实上二者存在规模较大的差额。对于这一差额，可视为银行之间通过买入返售、同业代付等同业业务投资的非标债权规模，即"银行的影子"。2010年开始，银行部门同业净债权持续大幅攀升，从2009年底的1.52万亿元上升至2014年底的7.81万亿元，年化复合增长率达39%（见图5）。

图5　银行部门同业净债权

数据来源：中国人民银行《其他存款性公司资产负债表》、中国债券信息网。

2014年银监会发布《关于规范金融机构同业业务的通知》（即"127号文"）对同业业务进行了严格规范，规定"同业代付原则上仅适用于银行业金融机构办理跨境贸易结算，委托方不得在同一市、县有分支机构的情况下委托当地其他金融机构代付，不得通过同业代付变相融资"；"买入返售（卖出回购）相关款项在买入返售（卖出回购）金融资产会计科目核算，三方或以上交易对手之间的类似交易不得纳入买入返售或卖出回购业务管理和核算，买入返售（卖出回购）业务项下的金融资产应当为银行承兑汇票、债券、央票等在银行间市场、证券交易所市场交易的具有合理公允价值和较高流动性的金融资产，卖出回购方不得将业务项下的金融资产从资产负债表转出。""127号文"后，同业资金投资非标债权的规模扩张得到抑制，图5显示银行部门同业净债权在2014年达到高位后显著下降，与此同时，同业投资登上舞台。

"127号文"提出了"同业投资"的概念，意在引导金融机构从投资非标向投资金融债、次级债、资产证券化产品、同业存单、特殊目的载体工具等产品转型，但事实上，同业投资成为银行投资非标的新渠道，银行利用自营资金通过互买、腾挪等方式将非标资产转移至自营投资下，一般计入"应收款项类投资"，证券资管计划、基金子公司专户、信托计划成为银行类信贷业务的主要通道。

2015年后，同业投资再次转换新的业态，委外投资兴起，投资资产不再局限于非标资产，底层资产越来越多地出现债券、货币基金、股票等标准证券；同业投资合作方从信托公司到券商资管、基金子公司再到公募基金，金融产品的结构愈发复杂，同业链条则越拉越长（见图6）。

图6　银行委外业务运作模式

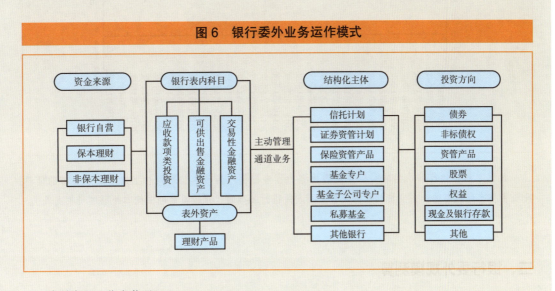

资料来源：作者整理。

银行进行委外投资主要有以下三点原因：第一，部分城商行和农商行专业投资团队的人员、能力和经验欠缺，很多小银行甚至没有独立的资产管理部门，因此需要委托外部机构代为管理；第二，银行由于牌照受限不得不委托其他机构进行投资，比如，银行理财在交易所不能开立证券账户，2014年下半年开始股市转暖，为了进入股市，银行必须借助券商、基金或者信托计划等通道去开户，然后再嵌套一层券商定向资管计划或者基金专户投资股票、债券市场；第三，2015年后，随着经济形势走弱，实体企业投资需求严重萎缩形成"资产荒"，优质高收益的资产越来越难以寻找，不良信贷资产和债券违约率上升，资产收益越来越难以覆盖资金成本和人力成本。在这种情况下，银行不直接投资于债券等基础资产，而是选择将资金委托给同业机构管理获取固定收益。

图7显示2015年1季度后，银行持有的非金融企业债同比增速持续下降，2016年1季

度后同比增速均为负值；2015 年 3 季度后，银行发放给企业的贷款增速也开始呈现下降趋势。非银行金融机构接受银行委外后，一般通过加杠杆、扩大期限错配、下沉风险偏好的方式做高收益，以满足银行提出的预期收益率，获取佣金。但在这一过程中，金融体系风险显著上升。

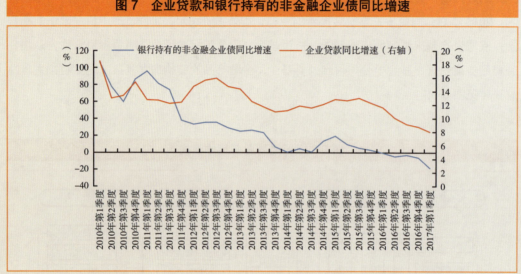

图 7　企业贷款和银行持有的非金融企业债同比增速

数据来源：银行持有的非金融企业债数据为作者根据中国债券信息网和上海清算所公布的债券投资者持有结构整理；企业贷款数据来自中国人民银行公布的《存款类金融机构本外币信贷收支表》。

三、银行委外规模测算

　　银行委外，是指银行将自营或者表内、表外的理财资金委托给非银行金融机构进行主动或被动管理，可分为"通道业务"和"委外投资"两种方式。其中，"通道业务"是指银行委托金融机构作为通道，设立一层或多层资产管理计划、信托计划等投资产品，从而为委托银行的目标客户进行融资或对其他资产进行投资的交易安排；"委外投资"则是指银行将资金委托给外部金融机构主动管理并获得固定收益的投资业务。2015 年后，委外业务的蓬勃发展成为银行同业业务的典型特征，在丰富银行资产配置结构的同时，也由于同业之间操作的灵活性、委外投资层层嵌套，导致同业链条加长、底层资产不透明，从而抬升了资金投向的风险水平。这一部分我们将对银行委外规模进行大致测算，并对委外资金的流向进行分析。

　　我们对于银行委外规模的测算主要从三方面进行：其一，银行委外管理人有信托、券商资管、保险资管、基金及基金子公司、私募基金等，其中，券商资管、基金专户、基金子公司专户和信托计划为主要委外管理人，并且数据可得性和准确性均较高，我们以这四类资管产品中资金来源为银行的规模，作为银行委外的整体规模；其二，银行表内资金的委外规模在 37 家银行年报中公布的"在第三方机构发起设立的结构化主体中享有的权益"基础上估算而得，考虑到银行购买的同业理财产品可能也会存在委外的情况，为避免重复统计，银行表内资金委外规模为银行"在第三方机构发起设立的结构化主体中享有的权益"剔除同业理财和资产证券化规模；其三，结合委外管理人和理财资金资产配置情况，测算银行委外的投资方向和银行表外自主管理的非保本理财的投资方向。

1. 从委外管理人角度测算银行委外规模

银行委外业务主要布局于证券公司、信托公司、基金及基金子公司等的各类资产管理业务中，因此可以根据上述各类资管业务中的银行资金规模加总大致估算银行委外规模。

根据《证券期货经营机构私募资产管理业务 2016 年统计年报》的数据，截至 2016 年底，基金子公司专户资金来源中，银行委托资金为 6.42 万亿元；基金公司专户中银行委托资金为 2.73 万亿元；券商定向资管计划投资者中，银行和信托公司合计委托规模 12.68 万亿元，假设信托公司委托规模在券商定向资管计划中的占比与在基金子公司专户中的占比相当，为 7%，那么券商定向资管计划中，银行的委托规模约为 11.65 万亿元。

信托方面，根据信托业协会公布的数据，截至 2016 年 4 季度末，证券投资信托中来自银行的资金规模为 2.26 万亿元，可视为主动管理类信托；我们根据银行年报估算的银行在信托计划中享有的权益为 2.69 万亿元，且这部分资金都统计在"应收款项类投资"中，可视为投资于非标资产的被动型信托。由此，信托计划中，银行委托资金规模为 4.95 万亿元。

综上，从委外管理人角度测算的银行委外规模为 25.75 万亿元，其中，券商定向资管计划 11.65 万亿元，基金子公司专户 6.42 万亿元，信托计划 4.95 万亿元，基金专户 2.73 万亿元。需要说明的是，这里统计的委外规模是包括管理人主动管理的"委外投资"和被动管理的"通道业务"的宽口径委外规模。

2. 银行表内资金委外规模

2014 年后，银行财务报表附注部分增加了"在未纳入合并财务报表范围的结构化主体中的权益"，其中"在第三方机构发起设立的结构化主体中享有的权益"主要记录了集团通过直接投资而在第三方机构发起设立的结构化主体中享有的权益，主要包括信托计划、资金管理计划、基金投资、理财产品及资产支持证券。我们认为银行通过直接投资持有信托计划、资金管理计划、基金投资享有的权益可被视为银行表内资金的委外规模。鉴于此，我们整理了 40 家银行的年报，包括 5 家国有银行、12 家股份制银行、18 家城商行和 5 家农商行。其中，2 家股份制银行和 1 家城商行只公开了银行年报摘要，其中并未包含银行"在第三方机构发起设立的结构化主体中享有的权益"的信息，因此 2016 年银行表内资金委外规模是基于 37 家银行年报的信息估算的。

通过整理银行年报数据，37 家银行表内资金委外规模约为 10.35 万亿元，购买他行理财产品规模为 2.84 万亿元。从银行类别看，股份制银行是委外的主力，在 37 家银行委外总规模中的占比为 64.4%；城商行次之，委外规模占比为 24.2%。资管产品类型方面，资管和信托计划是大中型银行最主要的选择，此外，相较于国有银行和股份制银行，城商行和农商行更倾向于投资他行发行的理财产品，其中城商行同业理财规模为 1.05 万亿元，在其资管产品投资中的占比达 29.5%，高于股份制银行的 19.7%（见图 8）。这也印证了中小银行通过发行同业存单获得资金后会投资于同业理财赚取息差。

图 8　37 家银行表内资金委外规模和同业理财规模（按银行类别分，2016 年）

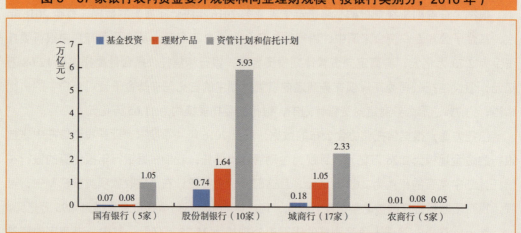

数据来源：作者根据 37 家银行年报整理。

为了估算全部银行表内资金的委外规模和同业理财规模，我们首先计算出已有年报的股份制银行、城商行和农商行相应规模在其整体投资规模中的占比分别为 52%、54% 和 38%，据此假设其他银行委外和同业理财规模在投资中的占比为 45%；其次，用图 1 银行资金运用中的债券投资与股权和其他投资的规模合计减去 37 家银行的投资规模，得出其他银行的投资规模；最后，用其他银行的投资规模乘以 45% 得出其他银行表内委外和同业理财的整体规模，并参考公布年报的城商行和农商行中同业理财规模占比，以 50% 的比例来估算其中同业理财的规模。通过测算，我们得到全部银行表内资金委外规模约为 12.14 万亿元，同业理财规模约为 5.99 万亿元 [①]。具体来看，表内资金的委外中，1.38 万亿元为

[①] 我们估算出的同业理财规模为 5.37 万亿元，与理财年报中公布的 5.99 万亿元的同业理财规模相近，即决定以官方公布数据替代估算数据，即认为银行用来购买他行理财产品的资金均为表内资金。

基金投资，5.19 万亿元投向券商资管计划、2.88 万元亿元投向基金子公司专户，投资于信托计划的规模为 2.69 万亿元。

需要说明的是，在分析银行表内资金委外具体投向时，基于非银机构在银行委外中的重要性以及数据可得性，我们首先假设委外管理人只包括投资基金、券商资管计划、基金子公司专户和信托计划，忽略银行委托保险资管计划和私募基金的规模，这个假设不会影响银行表内资金委外规模的测算，但是会对具体投向及其规模的估算产生影响。银行在财务报表中公布的"在第三方机构发起设立的结构化主体中享有的权益"，一般会将"基金投资"单列，但是多数银行将"资产管理计划及信托计划"合并列示，如图 9（a）所示；37 家银行中有 13 家银行将"资产管理计划"和"信托计划"分列，如图 9（b）所示，这13 家银行在"资产管理计划"和"信托计划"中享有权益的比例大致为 3∶1，我们就依此来估算表内资金委外中资产管理计划和信托计划的规模，得出资管计划的规模约为 8.07万亿元，信托计划规模为 2.69 万亿元。资管计划中，我们又根据券商资管和基金子公司专户中来自银行的资金规模的比值，确定表内委外中约 5.19 万亿元投向券商资管计划，2.88万亿元投向基金子公司专户。

图 9　"在第三方机构发起设立的结构化主体中享有的权益"两种列示方式

2016 年 12 月 31 日　单位：百万元人民币

	交易性金融资产	持有至到期投资	可供出售金融资产	应收款项类投资	账面价值合计	最大损失敞口
资产支持证券	1,288	1,414	3,298	–	6,000	6,000
私募资产支持证券	–	–	–	902	902	902
资产管理计划及信托计划	–	–	–	225,755	225,755	225,755
同业理财产品及其他	–	–	45,406	7,512	52,918	52,918

（a）

单位：百万元人民币

	2016 年账面价值						最大损失敞口
	买入返售金融资产	交易性金融资产	可供出售金融资产	持有至到期投资	应收款项类投资	合计	
理财产品	-	-	-	-	55,216	55,216	55,216
资产管理计划	1,050	-	-	-	369,168	37,218	370,218
依托受益权	52	-	-	-	83,548	83,600	83,600
资产支持证券	-	224	3,847	2,187	118	6,376	6,376
基金	-	109	43,209	-	-	43,318	43,318
合计	1,102	333	47,056	2,187	508,050	558,728	558,728

（b）

资料来源：摘自银行年报。

结合银行 25.75 万亿元的全部委外规模，可得银行表外非保本理财资金的委外规模为

13.61 万亿元，其中投向基金、券商资管计划、基金子公司专户和信托计划的规模分别为 1.35 万亿元、6.46 万亿元、3.54 万亿元和 2.26 万亿元。

3. 银行委外的资金流向

根据证券业协会和信托业协会公布的券商定向资管计划、基金专户、基金子公司专户和信托计划的资产配置比例，我们测算了银行委外的资金流向。银行委外资金中，有 8.35 万亿元最终投向标准化证券，其中 6.18 万亿元投资于债券；11.15 万亿元投向非标资产；4.76 万亿元继续投向各类资管和信托计划；0.88 万亿元为现金及同业存款，0.61 万亿元投向股权和其他资产。银行委外管理人的主要投向详见表 1。

表 1　银行委外的主要投向		单位：万亿元	
表内委外		**表外委外**	
投资基金 (1.38)	证券：1.19 　其中 债券：0.88 现金及同业存款：0.11 其他：0.08	投资基金 (1.35)	证券：1.17 　其中 债券：0.86 现金及同业存款：0.12 其他：0.06
券商资管计划 (5.19)	证券：1.30 　其中 债券：1.13 非标资产：2.49 各类资管产品：1.19 同业存款：0.21	券商资管计划 (6.46)	证券：1.61 　其中 债券：1.41 非标资产：3.09 各类资管产品：1.50 同业存款：0.26
基金子公司专户 (2.88)	证券：0.37 　其中 债券：0.17 非标资产：1.29 各类资管产品：0.93 现金及同业存款：0.08 股权：0.11 其他：0.1	基金子公司专户 (3.54)	证券：0.45 　其中 债券：0.20 非标资产：1.59 各类资管产品：1.14 现金及同业存款：0.10 股权：0.13 其他：0.13
信托计划 (2.69)	非标资产：2.69	信托计划 (2.26)	证券：2.26 　其中 债券：1.53

数据来源：作者根据证券业协会和信托业协会公布的券商定向资管计划、基金专户、基金子公司专户和信托计划的资产配置比重测算。

四、银行委外的风险分析及建议

银行委外规模的快速扩张与央行向市场提供低息资金和同业存单发行是相伴而行的。一方面，2016 年，央行通过各种便利货币政策工具向银行提供大量廉价资金，统计显示，2015 年末，全国银行向央行借款余额为 1.26 万亿元，而到了 2016 年末，这一规模飙升至 6.21 万亿元，其中大行由于具有大量的抵押质押品，更易从央行获得资金。另一方面，同业存单成为中小银行融资的重要渠道。由于同业存单不计入同业负债，不受"同业融入资金余额不得超过该银行负债总额的三分之一"的限制，股份制银行和城商行有通过发行同业存单扩大其资产负债表的强烈需求。因此，低成本、无限制的资金来源为银行委外规模迅速扩大提供了基础。

大银行有稳定的资金来源，在"资产荒"的背景下，大行由于风险偏好较低，从而更愿意投资于安全系数较高的同业存单，赚取无风险价差，同时将流动性转移至中小银行。中小银行获得资金后，一般有两种委外渠道。第一种委外渠道是购买同业理财。37 家银行年报数据显示，国有银行购买他行发行的理财产品规模很小，仅有 761 亿元，占国有银行投资规模的 0.34%；股份制银行的同业理财规模超过 16 万亿元，占股份制银行投资规模的 10.28%；17 家城商行和 5 家农商行同业理财规模占各自投资规模的比重分别达 19.38% 和 22.08%。由此可见，投资能力较强的大型银行也充当着中小银行委外管理人的角色。中小银行通过发行同业存单获取资金，再投资到大行发行的理财产品，赚取息差。数据显示，2016 年，1 年期同业存单价格低于 3%，银行理财业务的平均收益在 4% 左右。第二种委外渠道是中小银行将资金委外给非银行金融机构，在资产收益难以覆盖资金成本的情况下，非银机构通过从货币市场上拆入资金、放大杠杆、加长久期来做高收益。

上述过程可总结为：央行通过货币政策工具为大行发放货币，大行通过购买同业存单将流动性转移至中小银行，中小银行购买同业理财或者委外给非银行金融机构，非银机构采取加杠杆、加风险、加久期的方式做高收益率，或者再度委外形成多层嵌套，即形成"向央行借款——购买同业存单——购买他行理财产品——委外"的冗长链条，大量资金在金融体系内自我循环，风险逐渐积聚。一方面，银行委外投资往往涉及不同监管部门，导致底层资产无法"穿透"，而非银行金融机构在管理银行委托资金时，为了能达到银行要求的预期收益率，风险偏好下沉，使得信用风险大幅上升。另一方面，非银行金融机构在投资过程中，会深度"挖掘"期限错配空间，以获得最大利益。但是，如果融资成本上升或者市场资金面紧张，就会出现资金链断裂的情况。信用违约或者资金链断裂一旦发生，风险就会随着链条层层向上传导，对金融市场造成巨大冲击。

　　2016 年下半年开始，央行开始主动去杠杆，提升资金成本；2017 年 1 季度起，央行将表外理财纳入 MPA 的广义信贷考核；2017 年 3 月末，监管部门连发多份监管文件，部署了"三违反"（"45 号文"，"违反金融法律、违反监管规则、违反内部规章"）、"三套利"（"46 号文"，"监管套利、空转套利、关联套利"）、"四不当"（"53 号文"，"不当创新、不当交易、不当激励、不当收费"）——所谓"三三四"专项治理工作，并向银行下发调研函，摸底理财、委外等的业务规模和穿透投向，要求银行自查加入同业存单的同业负债是否超过总负债的 1/3，将同业存单纳入同业负债统计口径成为大概率事件。由此，央行及监管部门已基本控制了银行委外的增量扩张渠道。

　　回顾银行同业业务的发展历程，我们认为，需要用辩证统一的思维去一分为二地看待同业业务的创新。一方面，同业业务的不断创新是打破金融抑制、推动金融发展的自然结果，它体现了投资者对多样化理财产品和融资者对多样化资金来源的需求，体现了不同类型、不同规模的金融机构在竞争中利用各自比较优势展开合作；另一方面，同业业务也导致融资链条被不合理地拉长，资金成本和风险上升。对此，监管部门既要避免不分青红皂白、一味打压的措施，又要避免各自为政、"事不关己高高挂起"的做法。显然，在坚持市场决定金融资源配置的原则下，加强监管合作，建立宏微观审慎监管体系，方为正道。

第三章 | 信托市场资金流向及机制分析

一、信托资金的来源与去向　　　　　　　　　045

二、信托资金投资机制　　　　　　　　　　　052

三、结论与展望　　　　　　　　　　　　　　060

2013～2016 年信托行业进入转型发展期，在经济转型发展和大资管行业监管格局重塑的大背景下，信托资产规模增速明显放缓，直至 2016 年下半年，增速出现回升。从资金来源和流向来看，信托行业存在结构性失衡。一方面，在信托资产的资金来源中，资金信托仍然占据绝对主导地位，其中，银行理财又是资金信托的重要来源；另一方面，信托资金流向 FIRE 行业 ① 的趋势明显，"脱实向虚"现象显著。近年来，通过金融机构间合作或依托自身专业子公司发行金融交叉产品，以实现监管套利仍然是信托公司的重要业务模式。从交易结构看，"信托＋有限合伙"是广泛采纳的结构之一。与此同时，信托公司也积极参与投贷联动、债转股、并购融资、PPP 等。在"防风险、去杠杆"的宏观政策背景下，资产管理行业的统一监管将冲击信托公司的现有经营模式和盈利模式，2016 年信托业增速的回升或许是昙花一现。长远来看，在统一监管框架下，探寻以信托制度优势为依托的差异化发展之路是信托行业的必然选择。

一、信托资金的来源与去向

截至 2016 年末，中国信托业资产管理规模达到 20.22 万亿元，同比增长 24.01%，3、4 季度间环比增长 11.29%。2015 年 2 季度以来，信托资产同比增速逐季下降，信托业成为率先进入转型期的资管子行业（见图 1）。这种趋势性的转变主要有三个层面的原因。首先，经济发展进入增速换挡期，实体经济的总体回报率下降及供给侧结构性改革带来的"阵痛"是宏观层面的原因。其次，从中观层面来看，资产管理行业竞争加剧，信托制度优势受到挤压，导致信托行业传统通道类业务萎缩。最后，微观层面，信托业长期依赖基础产业和房地产行业，以及其在以通道类业务为主的发展模式下，行业风险不断累积。在多重压力下，信托业亟待谋求转型发展。

2016 年信托业迎来转型提速。从 2016 年 3 季度开始，信托资产规模的同比增速重回增长态势。伴随着经济缓中趋稳，供给侧改革取得一定成效。在监管层面，基金子公司和券商资管的相关业务被严格规范。2016 年 7 月，银监会下发《商业银行理财业务监督管理办法（征求意见稿）》，规定信托之外的其他特定目的载体 ② 不得直接或间接投资于非标债权，引发通道业务大量回流信托渠道。这是造成信托增速回升的直接原因。另外，信托公司积极探索债转股、并购基金、资产证券化、土地流转信托、消费信托、公益信托等业务创新，助力经济结构的转型发展，使得信托业转型升级取得一定成效。不过，从信托资金来源和流向来看，整个行业的结构性问题依然存在，信托回归本源之路仍然漫长。

本章作者：王伯英，王琪。
① 金融、保险、房地产行业。
② 银行理财、信托计划、券商资管、基金资管、期货资管、保险资管。

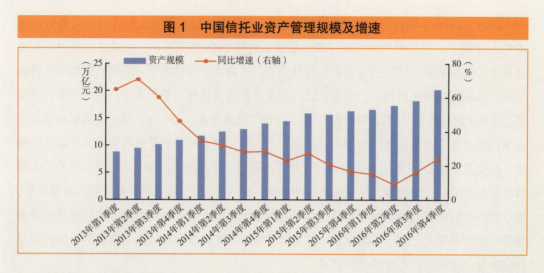

图 1　中国信托业资产管理规模及增速

数据来源：中国信托业协会。

从信托资金来源看，资金信托仍然占据绝对主导地位。2013 年以来，单一资金信托的占比持续下降，由 2013 年末的 69.62% 降至 2016 年末的 50.07%。集合资金信托和管理财产信托的占比持续上升，体现出信托公司的主动管理能力有所提升。2013 ～ 2016 年，集合资金信托占比由 24.90% 上升至 36.28%，管理财产信托占比由 5.49% 提升至 13.65%。集合资金信托和管理财产信托余额占比已接近 50%，表明信托资产来源呈多样化分布趋势，业务结构不断优化，但相对于占据绝对主导地位的资金信托，管理财产信托余额仅为 2.76 万亿元，占比 13.65%。此外，银行理财仍然是信托资金的重要来源。在此，以信托业协会公布的银信合作业务规模和单一资金信托规模分别作为下限和上限，对银行理财资金流入资金信托的规模做简单测算，如图 2 所示。截至 2016 年末，银行理财资金直接或间接借助信托通道进行投资的规模预计在 4.75 万亿元至 10.12 万亿元之间。

图 2　资金信托中的银行理财资金估算

数据来源：根据中国信托业协会数据估算。

从资金信托的投资方向看，资金流向 FIRE 行业的趋势明显，"脱实向虚"现象显著。从存量资金来看，2016 年末，资金信托的投向集中在工商企业、金融机构、证券投资（债券、股票、基金）、基础产业和房地产五大领域（见表 1）。2013～2016 年，信托资金流向金融机构、证券投资的比例明显提升，截至 2016 年末的余额为 6.45 万亿元，占比由 2013 年末的 22.35% 上升至 2016 年末的 36.91%，其中证券投资占比从 12% 上升至16.21%，金融机构占比从 10.35% 上升至 20.71%（见图 3）。资金流向基础产业的规模占比明显下降，由 2013 年末的 25.25% 下降至 2016 年末的 15.64%。这主要源于地方债务风险显现及国务院《关于加强地方政府性债务管理意见》（"43 号文"）的影响。流入房地产行业的信托资金占比稳中有降，由 2013 年末的 10.03% 下降至 2016 年末的 8.19%，表明信托对房地产领域的布局较为谨慎。

表 1　资金信托存量表（截至 2016 年末）

资金来源 17.46（万亿元）		资金流向 17.46（万亿元）			
单一资金 10.12	**集合资金** 7.34	工商企业	4.33		
		金融机构	3.62		
		证券投资	2.83	债券	1.92
				股票	0.63
				基金	0.28
		基础产业	2.73		
		其他	2.52		
		房地产	1.43		

数据来源：中国信托业协会。

图 3　资金信托存量资金投向分布

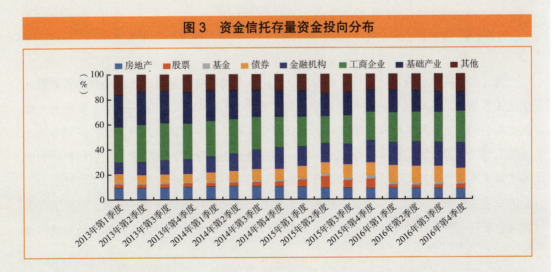

数据来源：中国信托业协会。

　　从行业分布来看，资金流向的前五大行业分别为：金融、租赁和商务服务、水利环境公共设施管理、房地产和建筑（见图4）。2013年以来，大规模信托资金流入金融行业，截至2016年末，金融行业的信托资金余额为7.36万亿元，同比增长38.50%，较2014年末增长81.72%。实体经济的下行压力和负债端的刚性兑付，促使金融机构通过期限错配、加杠杆、监管套利等方式增厚收益，资金在金融体系空转的现象不断加剧，信托是链条中的关键一环。总体而言，截至2016年末，共有8.89万亿元信托资金流入FIRE行业（金融、保险、房地产），占比50.80%。而流入ICE行业 [①] 的资金余额仅为0.39万亿元。

图4　资金信托资金投向行业分布

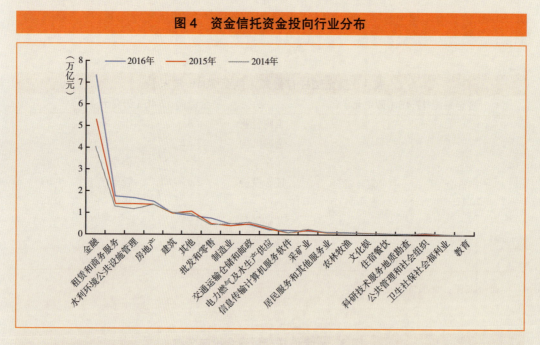

　　数据来源：中国信托业协会。

　　通过对信托资金流量的分析，可以发现信托资金的流向与金融市场波动和监管政策的变化关系密切。从年度信托资金流量表来看（见表2）。2014年，信托资金主要净流入金融机构、债券市场和房地产。2015年，信托资金从基础产业和房地产净流出，主要净流入股票市场、债券市场和金融机构。2016年，信托资金主要净流入工商企业、金融机构和债券市场（不考虑"其他"），股票和基金市场出现信托资金净流出。图5展示了信托资金流动的季度变化情况。2013年以来，随着地方债务问题凸显和房地产调控升级，信托的资金流向也出现一些相应的变化。信托资金从房地产和基础产业流出，进入资本市场或流向金

——————————

[①] 信息、文化和教育行业。

融机构。股票市场的资金流动波动最为剧烈，自2014年下半年开始，注册制改革等一系列制度红利带动了股票市场的牛市行情，大量信托资金不断涌入股票市场，资金净流入规模不断攀升，2015年2季度，净流入0.65万亿元。2015年6月股灾发生，信托资金流出股票市场，2015年3季度资金净流出0.51万亿元，随后进入震荡态势，2016年1季度净流出0.70万亿元。2015年的"股债双牛"也带动了债券市场的资金流入，尤其是股市风波之后，债券市场的资金流入增长明显，至2016年1季度达到顶点，当季流入0.45万亿元。随着"去杠杆"措施不断升级，资金流入规模迅速萎缩，直至2016年末，债市风波爆发。2016年4季度，0.11万亿元信托资金流出债券市场。

总体来看，2015年的资本市场吸引了大量信托资金流入。而在2016年，信托资金更多地流向工商企业和金融机构（见图6）。工商企业的资金流入在一定程度上反映了信托业服务实体经济的功能提升。对金融机构的资金流入，则体现出信托公司与金融机构之间的同业合作，其中主要是通道业务的规模提升。2016年中国人民银行发布的《2016年第4季度中国货币政策执行报告》中明确提到"正在着手研究将表外理财纳入宏观审慎评估中的广义信贷指标范围"。2016年末，强势美元引发了严重的资本外流，金融机构提高"双节"的流动性备付和应对MPA的考核，以及缩短放长的货币政策共同引发流动性短缺，冲击着加杠杆的脆弱市场。银行自营和理财资金抛售同业存单，赎回货币基金，暂停同业拆借，以致同业存单利率飙升，进而引发一系列连锁反应：债券利率飙升，10年期国债期货崩盘，违约事件爆发，债券市场遭遇信任危机。在此背景下，大量资金回流金融机构。2016年4季度，0.56万亿元信托资金净流入金融机构。

表2　资金信托流量（2014～2016年）

资金来源（万亿元）						资金流向（万亿元）			
2014年		2015年		2016年			2014年	2015年	2016年
						工商企业	0.23	0.17	1.03
						金融机构	1.03	0.37	0.98
						其他	0.24	0.13	0.68
						债券	0.47	0.40	0.37
单一	集合	单一	集合	单一	集合	房地产	0.28	-0.02	0.14
1.16	1.58	0.60	1.05	0.77	1.99	基础产业	0.17	-0.14	0.10
						基金	0.07	0.19	-0.05
						股票	0.25	0.56	-0.48
2.73		1.65		2.76			2.73	1.65	2.76

数据来源：中国信托业协会。

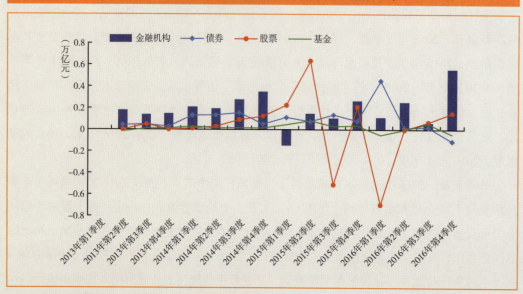

图5 资金信托增量资金的投资方向（金融业）

数据来源：中国信托业协会。

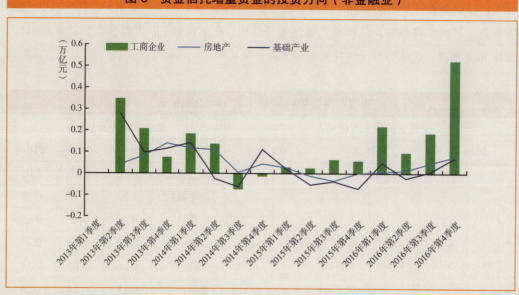

图6 资金信托增量资金的投资方向（非金融业）

数据来源：中国信托业协会。

从信托资产功能来看，2014年以来，信托资产的结构变化显著。事务管理类信托的占比不断上升，融资类信托占比呈现下降趋势，投资类信托占比则相对平稳。2016年末，事务管理类信托余额为 10.07 万亿元，在信托资产规模中的占比由 2013 年末的 17.46% 上升至 49.79%（见图 7）。事务管理类信托主要由委托人驱动，信托公司一般不对信托财产进行主动的管理运用，主要利用信托的权益重构、风险隔离制度优势，为委托人提供信托事务管理服务而获得收益。因此，事务管理类信托业务被作为信托业转型发展、回归本源的重要方向，各信托公司在探索消费信托、土地流转信托、家族信托等创新业务方面取得了一定突破。然而，近年来，推动事务管理类信托迅速扩张的主要原因却是"通道"业务被划入事务管理类信托。2014 年，银监会加强信托风险管理，下发了《关于信托公司风险监管的指导意见》（业内称为"99 号文"）和《关于调整信托公司净资本计算标准有关事项的通知（征求意见稿）》，要求信托公司明确通道业务的风险承担主体，信托公司参与的金融交叉产品应明确风险承担主体和通道主体，信托公司担任通道主体的业务，按照事务管理类业务计算风险资本。相比融资类和投资类业务，事务管理类业务面临更低的风险资本约束。由此可见，银监会明确信托业务的风险承担主体，将传统"通道"业务纳入事务管理类业务，是导致事务管理类信托规模激增的直接推动因素。信托资产功能结构的变化并不代表信托功能的本质改变，结构变化并非由业务创新主导，而是受监管导向驱动。

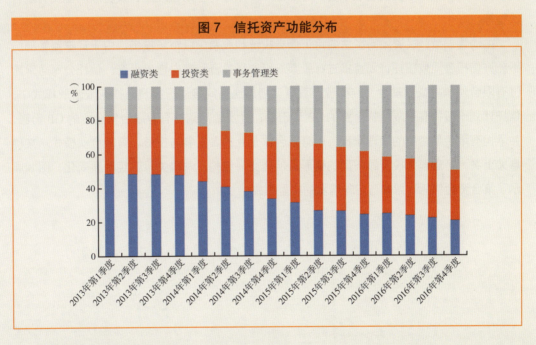

图 7 信托资产功能分布

数据来源：中国信托业协会。

二、信托资金投资机制

在风险事件频发、同业竞争加剧及监管环境收紧的背景下，信托公司通过与其他金融机构或通过与自身专业子公司的合作达到监管套利、节约资本、增厚收益的目的。信托公司抓住供给侧结构性改革的机遇，在传统平台类、地产类业务之外探索新的业务模式和产品创新形式，积极参与投贷联动、债转股、并购融资、政府与社会资本合作（PPP）、资产证券化、消费信托等新领域。"信托 + 有限合伙"的交易结构结合了"信托"和"有限合伙型基金"的优势，兼具监管门槛低、节税等特点，成为被广泛采纳的交易结构。接下来，重点介绍几种创新型信托业务的投资机制。

1. 证券投资信托：定向增发信托和伞型信托

证券投资信托业务的投资标的包括股票、债券、基金、金融衍生产品（如股指期货）等。管理型证券投资信托是证券投资信托业务最基本的形式，按照是否引入外部投资顾问及信托公司在其中承担的管理职责，可以进一步划分为主动管理型、投资顾问型及有限合伙型等。

主动管理型、投资顾问型主要用于债券投资和股票二级市场投资。由于证券监管部门不允许信托公司或信托计划直接进行股票一级市场投资和定向增发投资，信托公司通常通过有限合伙模式或以基金、券商资产管理计划为通道间接进行投资。在有限合伙模式中，信托计划一般持有有限合伙企业的 LP[①] 份额；投资顾问则持有有限合伙企业的 GP 份额，并承担有限合伙企业的管理职责，以有限合伙企业的名义参与投资。有限合伙模式从某种意义上看，可理解为投资顾问型的变形，但其交易结构、法律关系已经明显变化。图 8 展示了集合资金信托计划参与定向增发的典型模式。

[①] LP 和 GP 是私募基金组织形式里的有限合伙中的两种当事人形态，发起人担任一般合伙人（GP），投资人担任有限合伙人（LP）。一般合伙人承担无限法律责任，有限合伙人承担以投资额为限的法律责任。一般合伙人扮演基金管理人角色，除收取管理费外，依据有限合伙的合同享受一定比例的利润。

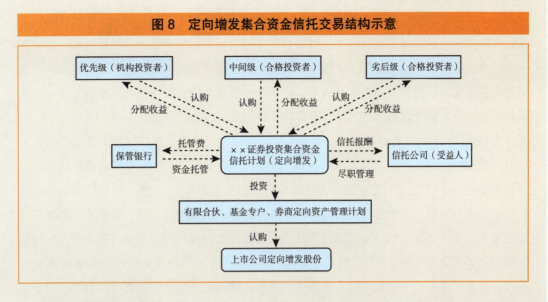

图 8　定向增发集合资金信托交易结构示意

资料来源：华鑫信托。

　　为了满足对不同风险偏好、风险承担能力和收益要求的投资人的需求，信托公司在最初的管理型证券投资信托基础上开发出结构化证券投资信托，在信托计划中引入优先级和劣后级投资人，劣后级通常兼任投资顾问。随后，在结构化证券投资信托基础上又发展出伞型信托。伞型信托通过在统一的股东账户和信托账户（一级母账户）下设立二级虚拟子账户的方式，为多名劣后受益人提供结构化证券投资的融资服务（见图 9）。

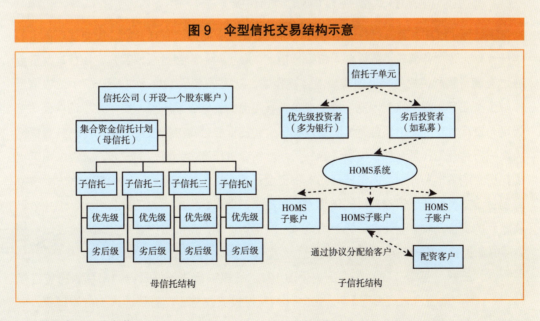

图 9　伞型信托交易结构示意

数据来源：作者整理。

从图9中可以看出，整个交易结构中，母信托下嵌套若干子信托单元，子信托单元下又嵌套若干优先级和劣后级投资者，犹如伞型。母信托下的每一个子信托单元实际上都是一个结构化证券投资信托。每个子信托下的优先级投资者为资金融出方，主要对接银行理财资金池；劣后级投资者为资金融入方，即实际投资者。优先级投资者获取稳定收益，劣后级投资者获取风险收益。

2014年至2015年上半年，伞型信托凭借设立便捷、投资范围广的优势演变成股票市场场外配资的重要工具，具备放大杠杆的"便利"。伞型信托的杠杆率超过融资融券。融资融券普遍以1:1为杠杆率，而常见的伞型信托杠杆比率是1:2或1:3。伞型信托的优先级资金多为银行理财资金，配资成本低于融资融券。通过伞型信托，劣后级投资者往往能以放大三倍的低成本银行资金进行市场交易。为做大规模，部分伞型信托允许民间配资公司以自有资金充当伞型信托子信托的劣后级，再将该子信托与恒生电子的HOMS系统相连接，在其子信托之下新构成多个结构化子单元，打包形成另一个伞型信托结构，以子信托的资金作为"新伞"的优先级，再引入其他劣后资产，形成"伞中伞"结构，通过分拆销售给投资者，使得投资门槛低至千元，可形成1:5甚至更高的杠杆比例。此外，伞型信托的投资标的范围大大超过了融资融券业务。除主板、中小板和创业板个股，甚至有伞型信托可以参与两融账户无法触碰的ST板块，亦可以参与封闭式基金、债券等投资品种的交易。2015年6月以来，股票市场大幅震荡，监管层对场外配资的清理不断推进，伞型信托被迫中止。

2. 通道类信托：银证信（SOT）定向通道业务

银证信（SOT）定向业务是指银行理财资金委托券商资产管理计划，投向银行指定的信托计划。该业务模式下信托公司由银行指定，融资对象为银行授信客户，银行理财资金通过券商资管和信托两层通道实现向客户授信，从而规避了2011（"14号文"）对银信合作融资类业务上限的监管限制。整个业务流程可分为五步：第一步，委托人与证券公司签署定向资产管理合同，将自有资金或理财资金委托证券公司进行投资；第二步，托管银行为委托资金开立托管专户，按照证券公司划款指令进行资金划付；第三步，证券公司运用委托资金购买信托计划，向信托计划支付资金；第四步，信托公司通过信托计划方式将收到的资金支付给特定信贷项目的借款人；第五步，期末，借款人归还贷款资金，信托公司将收到的资金及收益返还给证券公司定向资产管理计划，定向资产管理计划本金及收益划入委托人账户，定向资产管理计划终止。

以"三峡一号奉节项目"为例（见图10），三峡银行与长城证券、邮储银行签订了《三峡一号定向资产管理合同》，该定向计划获得投资收益后，向管理人支付管理费，向托管人支付托管费，向委托人分配投资净收益。长城证券根据委托人三峡银行的要求，以自己的名义与重庆信托签订信托合同，以委托资金投资于相应的信托计划，并根据信托合同约定获取收益。重庆信托作为信托计划的受托人，与借款人奉节县三峡库区生态发展有限公司签订信托贷款合同，并以此为根据发放信托贷款、进行贷后管理等。借款人与重庆信托签订抵押担保合同，以自有国有土地使用权进行抵押担保，同时在国土局办理相关手续，取得抵押证书。

图 10　三峡一号奉节项目交易结构示意

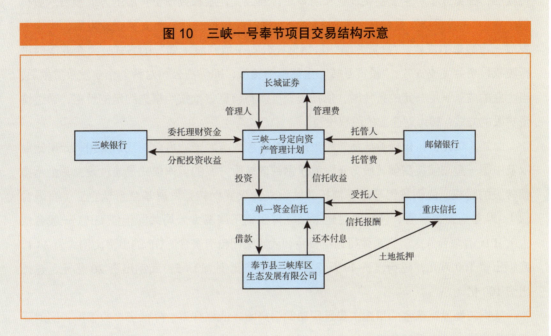

资料来源：作者整理。

3. 工商企业信托：投贷联动和债转股模式

工商企业一直是信托资金的首要投向。传统的工商企业信托主要采取"一对一""打包债""债权买断模式""资金池"等典型模式。在传统债权模式基础上，近年来，信托公司积极探索 PE 业务，针对工商企业的投融资业务出现了一些创新模式，如"PE 基金模式"和"信托＋有限合伙"模式，采取股权和债权相结合的新型投融资模式。相对于以债权方式为主的业务模式，"PE 基金模式"更多地发挥了信托公司的主动管理能力。如北京信托的"瞪羚投资发展基金"，以股权投资方式为主，配合债务性融资，为中关村企业的长远发展提供金融资源支持。该基金总规模为 50 亿元，分期设立，引入政府引导资金、大型国企资金以及社会资本，项目期限设定为 3+2+2，即投资期为 3 年，退出期为 2+2 年。

平安信托、长安信托等积极参与投贷联动业务，支持科技创新企业发展。以长安信托推出的投贷联动试点项目为例。长安信托面向合格投资者发行信托计划，为一家电子商务公司提供信托贷款。同时，该笔贷款附认股期权，即长安信托有权选择在本信托首期成立后，投资标的电子商务公司上市前（材料正式报送主管机构前）的任一时点，以2000万元（新增募集信托资金）向该电子商务公司的实际控制人（或指定关联方）受让5%的股权。

从股权、债权投资实施的先后顺序来看，投贷联动模式主要有如下几种形式："先贷后投""先投后贷""投贷并举""投贷互转"。"先贷后投"指的是信托公司向科创企业发放贷款后，在充分了解企业发展现状和前景后，通过受让股权或增资扩股的方式投资入股科创企业。"先投后贷"是信托公司对科创企业进行股权投资后，为支持企业发展，为企业发放一定数量的贷款。"投贷并举"是指信托公司采取"股＋债"的方式，为企业同时进行股权投资并发放贷款。"投贷互转"主要是债转股，即信托公司对科创企业发放贷款后，当企业的成长满足一定的条件时，信托公司可以将该笔贷款按照事先约定的价格，通过增资扩股的方式，转为对企业的股权投资。

此外，信托公司积极参与债转股也成为其特色业务之一。目前，武钢集团、云南锡业以及中国一重陆续披露债转股方案。武汉钢铁债转股方案的运作模式是通过设立基金承接债转股的股权。武钢集团与建信信托共同设立武汉武钢转型发展基金合伙企业（有限合伙）。从基金层面来看，建行通过建银国际与武钢下属基金公司共同担任GP（一般合伙人），LP（有限合伙人）则是建行理财资金和武钢集团自有资金。GP的出资比例约为2:1，武钢出资100万元，建行出资49万元。LP的出资比例为1:5，武钢出资20亿元，建行出资100亿元。

武钢转型发展基金的用途主要是帮助武钢集团降低杠杆率，降低资产负债率，同时降低融资成本，既包括部分直接投资于武钢集团子公司的股权，也包括承接武钢集团到期债务。该合伙企业承接债转股的股权，该有限合伙基金的管理人为建行旗下建银国际以及建信资本。根据债转股方案，建设银行将其持有的债权出售给合伙基金，合伙基金以1:1的企业账面价值承接债务。武钢债转股方案目前尚未明确披露债务转股权的实施条件和具体转股标的，大体而言，非上市公司的股权经过评估按市场价转股，上市公司的股权参照二级市场价格做安排。合伙企业将债权转为债务单位的股权，成为股东后，合伙基金可以参与武钢集团的管理，享有股东分红等权利。根据相关披露，武钢集团债转股可能通过二级市场、企业回购、新三板、区域股权交易上市等方式退出。

与武汉钢铁债转股模式不同的是，云南锡业的债转股并未采取合伙基金模式，而是由建行的子公司独立设立基金来承接债转股的股权，由建信信托担任基金管理人。具体交易结构见图11。

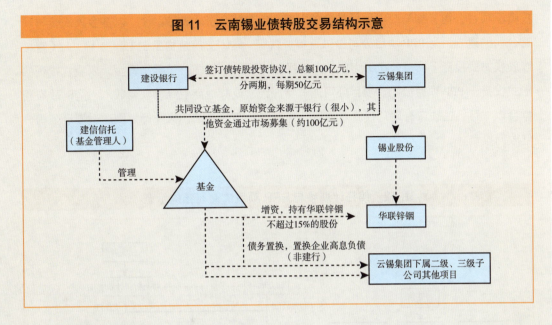

图 11　云南锡业债转股交易结构示意

资料来源：建信信托。

4. 基础产业信托：PPP 业务的信托模式

为了降低基建投资的资金成本和地方政府的偿债压力，国务院颁发了《国务院关于地方债务管理的指导意见》，以推广使用 PPP 模式 [①]。PPP 模式的出台使得传统的政信合作模式受到挑战，基础产业信托面临着创新和调整。目前，通过发行信托产品方式集合社会资金参与 PPP 项目，成为信托业发展的新兴业务。中信信托通过集合信托计划募集社会资金 6.08 亿元，投向唐山世界园艺博览会，项目股权占比为 60%，成为国内信托业参与的首单 PPP 项目。不过，虽然越来越多的信托公司探索开展 PPP 业务，但 PPP 业务模式占比仍处在较低水平。与传统政信模式相比，信托公司参与 PPP 项目有三方面制约因素。其一，收益错配。信托公司以募集资金参与 PPP 项目，信托计划往往要求较高的回报率，而 PPP 项目的公益性质决定了其具有长周期和低回报率的特点。其二，期限错配。PPP 项目的周期较长，短则 5 年，长则 10 年以上，而传统政信合作类信托的期限一般为 1 至 3 年，投资者可能很难接受长期限的 PPP 产品。其三，PPP 模式下，信托资金大多以股权方式参与，投资回报为浮动收益，而传统政信类业务中，信托多以债权方式参与，投资回报为固定收益。偏好固定收益类信托的投资者不太容易接受 PPP 类信托计划。

总体而言，信托公司参与 PPP 项目的业务模式，主要包括如下几种：直接以股权方式

[①] PPP（Public-Private-Partnership）模式，是指政府与私人组织之间，为了提供某种公共物品和服务，以特许权协议为基础，彼此形成一种伙伴式的合作关系，并通过签订合同来明确双方的权利和义务，以确保合作的顺利完成，最终使合作各方达到比预期单独行动更为有利的结果。

投资于项目公司、参与政府引导基金的融资、参与社会资本方的融资、以基金模式参与项目公司的建立、为 PPP 项目公司提供直接贷款等，具体交易结构见图 12。以模式 a（直接以股权方式投资于项目公司）为例，大致操作流程为：信托公司募集资金，以股权投资的形式投资于 PPP 项目公司。项目公司通过特许经营或其他商业经营获得收入，同时政府通常会以"可行性缺口补助"模式对项目公司提供一定的补贴，信托计划则通过项目公司分红收回投资。

图 12　信托计划参与 PPP 项目的交易结构示意

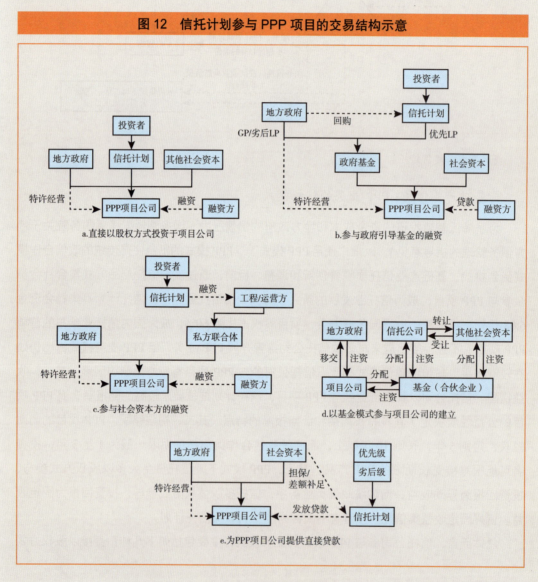

资料来源：作者整理。

5. 房地产信托：财产受益权模式和股债混合型融资模式

传统的房地产融资信托分为贷款类和股权类两种模式。贷款类融资模式下，信托公司通过发行信托计划募集资金，然后以信托贷款的方式为开发商融资，开放商定期支付利息并于信托期满偿还本金。股权类融资模式下，信托公司将募集资金以股权投资的方式（收购股权或增资扩股）向项目公司注入资金，同时项目公司或关联的第三方承诺在一定的期限后溢价回购信托公司持有的股权。

近年来，在传统模式之外，信托公司又探索了财产受益权类信托融资模式和股债结合型夹层融资模式。财产受益权类融资模式利用信托财产所有权与受益权相分离的特点，房地产开发商以所持房产，委托信托公司设立一个财产信托计划，受益人为开发商自身，形成优先受益权和劣后受益权，并委托信托公司转让其持有的优先受益权。该模式一般由信托公司与银行合作完成，银行一般处于主导地位，融资项目由银行推荐。银行直接以理财资金购买财产信托优先受益权，或者信托公司发行资金信托计划购买优先受益权，银行再以理财资金认购资金信托计划。业务模式参见第一章中提及的银信合作模式中的"财产受益权转让模式"，企业以质押融资的方式，以信托公司为通道从商业银行获得融资。整个业务的本质是以管理财产信托为名，行信贷投放之实。

股债混合型融资模式主要通过股权和债权相组合的方式满足开发商对项目资金的需求，具有方案设计灵活、交易结构复杂的特点。图 13 展示了一个股债结合型房地产融资模式的项目，该项目不仅引入股权、债权两种融资模式，还引入了"信托 + 有限合伙"的业务模式。具体而言，C 有限公司作为一般合伙人设立 B 有限合伙型地产投资基金，其中优先级 LP 份额由 A 信托公司以其设立的"XX 项目集合资金信托计划"的募集资金认购，劣后级 LP 份额由 D 基金管理公司认购，E 有限公司作为 C 有限公司和 D 基金管理公司的母公司承诺按照约定价格收购信托计划持有的基金优先级 LP 份额。B 基金通过收购项目公司股东之一的 100% 股权和债权，从而间接持有项目公司 24.5% 股权和债权，实现对目标项目的投资。

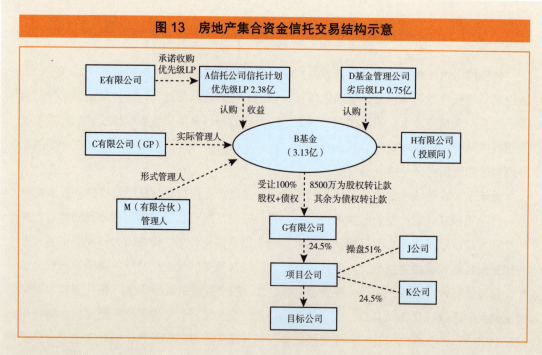

图13　房地产集合资金信托交易结构示意

资料来源：作者整理。

三、结论与展望

近年来，我国资产管理业务快速发展，商业银行、信托公司、证券公司、基金公司、保险公司等纷纷设立各类资管产品。从积极的意义来说，这类"影子银行"业务作为金融创新活动，突破了金融抑制，促进了我国融资机制的多元化，有利于更好地连接资金富余者与短缺者，提高资金配置的效率。但这一正反馈机制的前提是，金融服务于实体经济，资金真正用于提高生产力的实体经济部门，而不是在金融体系内流转，或用于投资存量资产（比如房地产）及过剩产能行业。

在现有的分业监管体制下，不同的监管部门对资管业务按照机构类型进行监管，同样的产品因为发行机构不同，在投资门槛、投资范围和资本风险计提等方面都有差异。目前资产管理行业存在监管标准不统一、缺乏统一监测、存在隐性刚性兑付等乱象，催生了资产管理产品之间多层嵌套，层层加杠杆等行为，引发监管套利、资金脱实向虚等多重问题。一方面，资金端的刚性兑付、机构之间的同业合作，加剧了金融风险在不同产品、机构、市场间的积聚和传染。资金变相加杠杆流入股市、债市甚至房市，推动资产价格上涨，导致金融交叉领域的风险不断积累，增加了金融体系的复杂性、脆弱性。另一方面，即便资金经过层层包装，多层嵌套，最终流向实体经济，但资金链条的增加必然导致交易成本的上升，抬高实体部门的融资成本，不利于解决"融资难、融资贵"的问题。

2016 年 12 月举行的中央经济工作会议提出"要把防控金融风险放到更加重要位置"。"防风险、去杠杆"成为宏观调控的主旋律，"实质重于形式""穿透原则"成为资产管理行业监管的关键词。2017 年 2 月下旬，在央行主导下，银监会、证监会、保监会、外管局等部门合力酝酿制定大资管统一监管文件草案《关于规范金融机构资产管理业务的指导意见（征求意见稿）》（下称"新规"）。"新规"尚未正式发布，但影响深远，意味着包括银行、券商、私募、保险、公募、私募等机构在内的整个资管行业或将迎来统一的监管标准。其实际意义将超越资管业自身，标志着我国由分业监管向分类监管的改革，由单一的机构监管向功能监管和机构监管并重的转型。在降低系统性金融风险的同时，折射出中国金融监管体制改革的风向标。"新规"按照机构监管与功能监管相结合，穿透式监管、宏观审慎管理和实时监管的原则对同一类型的资产管理产品实行同一监管标准，减少监管真空和套利，并将微观产品监管与宏观审慎监管相结合，建立资产管理业务等影子银行活动的宏观审慎政策框架，完善政策工具，从宏观、逆周期、跨市场的角度加强监测、评估和调节。

具体到信托行业，"新规"的影响主要体现在如下几个方面。第一，统一各类资管产品的投资范围和杠杆水平，消除了信托机构跨市场资产配置和杠杆投资的优势。第二，禁止多层嵌套，限制通道业务的规定将冲击信托公司的现有经营模式，信托一直以来都是各类通道业务的主要承担机构，"新规"将对以通道业务为主的信托机构造成严重冲击。第三，加强非标准化债权类资产监管将进一步压缩信托传统业务。非标债权类业务是信托机构最擅长的业务，加强金融机构非标投资管理，将会同时收窄同业资金来源和资产来源。第四，风险准备金计提和集中度控制的要求提升了资产配置的难度。"新规"要求加强资本约束，金融机构要按照资管收入的 10% 计提风险准备金，高于当前的信托赔偿准备金[1]计提要求。集中度控制方面，"双 10%"的要求[2]对信托公司进行证券投资的资产配置水平提出更高要求。第五，打破刚性兑付有利于引导资管行业长远发展，但需配合投资者教育，防范短期风险。刚性兑付在银行理财和信托产品中较为普遍，打破刚兑需要良好的路径设计才能避免引发投资者恐慌和金融市场的不稳定。

由此可见，资产管理行业的统一监管将冲击信托公司的现有经营模式和盈利模式。信托公司需要摆脱过度依赖通道业务、非标债权业务的传统路径。当下，国内各类资产管理机构在要素禀赋和业务优势上的差异较大，商业银行在资金来源及客户资源方面具有天然优势，证券公司、基金公司在资本市场投资、资产配置方面优势显著，保险公司则具有长

---

[1]　依据《信托公司管理办法》第 49 条，信托赔偿准备金按净利润的 5% 提取，但该赔偿准备金累计达公司注册资本 20% 以上时，可以不再提取。

[2]　单只资产管理产品投资单只证券的市值或者证券投资基金的市值不得超过该资产管理产品净资产的 10%。

期、稳定、低成本的资金来源。与其他机构显著不同的是，信托公司具有信托制度优势。信托制度赋予信托产品在破产隔离、权益重构方面的独特优势。然而，当前信托业受制于信托登记制度不完善、税收制度模糊、缺少判例等因素，其信托委托资产主要以货币型资产为主，架构设计服务主要局限于货币型信托财产的支付管理，资产管理服务主要是货币型信托财产的投资管理，通常依托于金融机构间的合作完成。

从长远来看，在统一监管的框架下，探寻差异化发展之路，是包括信托公司在内的资产管理机构的必然选择，各类资产管理机构之间凭借自身优势形成良性的合作竞争关系。信托公司的核心竞争力是充分发挥信托制度优势，同时要提升主动资产管理能力，培养综合型的金融人才，做好客户细分和需求管理，针对普通客户提供标准化产品和服务，针对高端客户，以客户需求为导向，依托金融机构间的合作，搭建一体化的产品服务平台，为客户提供综合性的金融、非金融服务方案。

第四章 | 保险资金运用渠道及机制分析

一、保险资金运用渠道：拆解"其他项"　　065

二、另类投资模式：非标与同业　　071

　　（一）非标投资：债—股—项目—明股实债（项）　　071

　　（二）同业投资：业务创新　　079

三、另类投资发展：合法化　　081

　　2013 年至 2017 年 3 月，保险资金运用规模由 7.67 万亿元增加到 14.07 万亿元。分保险资金运用渠道而言，"其他项"由 2.21 万亿元增加到 5.28 万亿元，目前"其他项"占保险资金运用存量规模的比例为 37.5%，而"其他项"的增加额占保险资金运用规模增加额的比重为 47.97%，即增加额占比近一半。"其他项"究竟是什么？为何增速如此之快？为回答这两个问题，本文着重分解了保险资金运用的"其他项"及其运作机制。主要结论是，"其他项"主要是"另类投资"，由债权计划、股权计划、项目资产计划和不动产计划等非标投资和保险与商业银行、信托公司以及证券公司的业务合作构成，业务模式是债权、股权和项目资产计划与担保、回购等增信措施的组合，以及保银合作的协议存款通道、保信合作的保险金信托以及保证合作的两融收益权等。对于另类投资存在的问题和未来发展方向，我们认为应该赋予保险公司正常的信贷投放功能，使另类投资变成合理合法的贷款。A

一、保险资金运用渠道：拆解"其他项"

　　我国保险业始于 1805 年英国人在广州设立的于仁保险公司，中断于 1958 年 10 月人民公社的"去保险化"运动，复办于 1978 年改革开放，发展于 1998 年的分业监管，即中国保监会的成立，形成目前"保监会主导、行业协会辅助"的监管架构。1984 年，经中国人民银行批复同意，中国人民保险公司可用部分保险准备金进行投资，并成立保险公司，随后，国务院批转中国人民保险公司《关于加快发展我国保险业务的报告》中指出"总、分公司收入的保险费扣除赔款、赔偿准备金、费用开支和税收后，余下的可自己运用"，进而拉开保险资金运用的序幕。

　　1984 年以来，与保险资金运用渠道相关的监管制度分为三个阶段：第一，1984 年至 1995 年，为额度管制下的无序信贷投放阶段；第二，1996 年至 2013 年，为投资方向和投资比例都受到严格约束的严格管制时代；第三，2014 年后，放松管制阶段。秉承"安全性、收益性、流动性"的三性原则，在风险基本可控的前提下，2014 年开始逐步放开保险资金对债券、股票、金融衍生品、金融产品、基础设施债权投资计划、不动产、另类投资和境外投资等品种和渠道的投资。在"放开前端、管住后端"的指导思想下，2014 年 4 月 4 日，保监会发布《关于修改〈保险资金运用管理暂行办法〉的决定》将原来第 16 条中对不同类型资产的投资比例约束调整为"保险集团（控股）公司、保险公司从事保险资金运用应当符合中国保监会相关比例要求，具体规定由中国保监会另行规定。中国保监会可根据情况调整保险资金运用的投资比例。"至此，保险资金运用由过去的严格管

_____

本章作者：王增武，段雅丽。

制转向放松管制的第三阶段。

随着监管规制的变化，在规模扩张的同时，保险资金运用渠道也在发生变化。据统计（见图1），保险资金运用余额由2004年的1.08万亿元增加到2017年3月末的14.08万亿元，10余年间增加了12.06倍，年均增幅为23.68%。就保险资金运用的增长幅度而言，以2012年为分界点，之前是快速增长阶段，之后是平稳发展阶段，其中在全球金融危机爆发的2008年曾出现小幅回落。保险资金运用规模快速增长的背后则是保险资金运用来源的快速增长，即保险业保费收入的增长，其中以投资功能为主的投连险或万能险等险种的保费收入增加明显，这表明保险在居民资产配置中的地位越来越重要。就保险资金运用渠道而言，其特点有三。

图1　保险资金运用规模及其分类占比情况

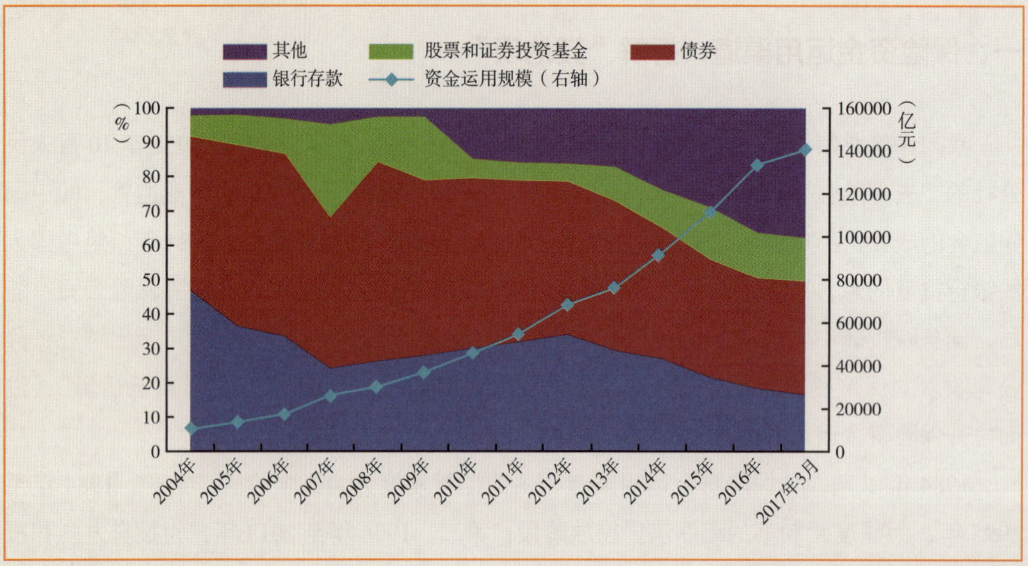

数据来源：中国保监会。

第一，传统投资渠道占比锐减，以另类投资 ① 为主要成分的"其他项"占比激增，传

---

① 所谓另类投资或其他投资，业内的界定范围是包括不动产及相关金融产品、基础设施投资计划、未上市企业股权及股权投资基金等相关金融产品，此外还包含商业银行理财产品、银行业金融机构信贷资产支持证券、信托公司集合资金信托计划、保险资产管理公司项目资产支持计划、证券公司专项资产管理计划等在内的其他另类金融产品。其中债权投资计划的主要投向是能源、交通、市政、环保和通信等基础设施项目，以棚改和公租房为主的保障房项目以及商业地产和土地储备项目等不动产债权投资计划；股权投资计划以金融、养老、医疗、汽车服务、农业、资源、商贸流通等行业的企业股权以及办公不动产股权投资为主；项目资产支持计划指符合法律规定，能够直接产生独立、可持续现金流的财产、财产权利或者财产与财产权利构成的资产组合。

统和另类形成明显的替代效应。以"其他项"占保险资金运用规模的比例来看，2004 年所占比例仅为 1.95%，此后至 2009 年，该项占比均不超过 5%。2010 年"其他项"跃升至 14.61%，此后一路飙升至 2017 年 3 月末的 37.5%。此种变化背后的原因就在于另类投资模式的不断成熟和创新，而创新的代表则是保险资金运用与银行理财、券商资管、保险资管、基金子公司专项资管计划和信托计划等金融同业间的嵌套业务。

第二，传统投资渠道中固定收益类投资占比不断下降，权益类投资趋于平稳。银行存款占比由 2004 年的 47.05% 下降到 2017 年的 16.77%，即便从 2013 年算起，银行存款的占比也几乎下降了 13%。相比而言，保险资金运用债券投资比例的下降幅度低于银行存款占比的下降幅度，但自 2013 年起呈直线下降态势：2004 年保险资金运用债券投资的比例为 44.78%，2013 年该比值为 43.52%，而 2017 年该比值仅为 32.99%。事实上，保险资金投资固定收益类资产的比重下降一方面源于保险投资渠道的不断放宽，另一方面则来自负债端的高收益压力，如万能险节节攀升的收益率等。

进一步，如果我们观察债券投资中国债、金融债和企业债券的占比时序变化，同样可以看到高信用等级、收益稳健的国债投资占比逐年下降，由 2004 年的 61% 下降到 2015 年的 15%，金融债呈先升后降的倒"V"形趋势，而企业债的投资占比则直线上升（见图 2）。这表明我们可将保险资金运用渠道细分为银行存款、国债、金融债、企业债、股票和证券投资基金以及其他。

图 2 保险资金运用中的债券分类占比

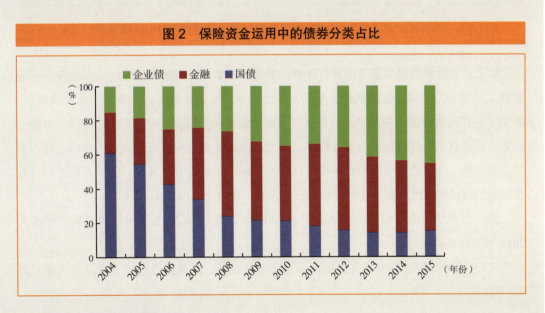

资料来源：《中国金融统计年鉴》。

第三，另类投资又可分为两类，一类是以基础设施债权投资计划、不动产债权投资计划、股权投资计划和项目支持计划为代表的"投行业务"，一类是与商业银行、证券公司、保险公司、基金公司和信托公司合作的"同业业务"[1]（即另类投资中除投行业务之外的其他项）。据统计[2]，2007年至2016年"投行业务"的存量规模约为1.63万亿元，历年流量和分类情况见图3。另外，自2011年以来，另类投资占保险资金运用规模的比例（年度数据）顺次为8.83%、9.41%、16.90%、23.67%、28.65%以及2016年5月的33.41%[3]。

图3　"投行业务"规模及分类表现时序

资料来源：姜顺其："偿二代与保险资金另类投资"，《上海保险》2016年12月刊。

　　综上，保险资金运用渠道的银行存款、债券、股票和证券投资基金以及其他中的债券投资又可细分为国债、金融债和企业债，其他项中又可拆分出投行业务和同业投资两类。事实上，保险资金运用中的"投行业务"实际上就是银行理财中的"非标投资"。为统一起见，在此我们同样将其称为非标投资。由此，保险资金运用渠道可细分为银行存款、国债、金融债、企业债、股票和证券投资基金、非标、同业投资及其他。为给出前述细分投资渠道的规模和占比测算，我们做如下三点说明，并由此即得图4。

　　其一，由于债券投资的分类数据只到2015年，我们以2015年的分类数据占比作为2016年的计算基准。

　　其二，2007年至2010年另类投资中仅含非标投资，以其投资规模占保险资金运用规

① 中国保险资产管理业协会，中国保险资产管理发展报告，《中国金融》2016年第6期。
② 杜长春、张志栋："从金融资源构成层次看保险资金如何更好地服务实体经济"，《中国保险资产管理》2017年第1期。邢方彬："我国保险债券计划发展对策建议"，《保险职业学院学报》2015年第5期。
③ 姜顺其："偿二代与保险资金另类投资"，《上海保险》2016年12月刊。

模的比例作为统计口径，2011 年至 2016 年的另类投资占比数据来源于 68 页注③。

其三，同业投资占比等于另类投资占比与非标投资占比之差。由此计算的同业投资规模占比呈逐年递增趋势，2016 年末的同业投资占比为 12.14%，高于国债投资规模，接近股票和证券投资基金的投资规模，背后成因不外乎所谓的"脱实向虚"或"三套利"等。

图 4 拆分"其他项"后的保险资金运用渠道情况

资料来源：作者计算。

特别地，据中国保险资产管理协会数据 [1]：截至 2015 年 11 月末，保险资产配置中固定收益类资产占比为 58.12%，其中债券投资占比为 34.3%；权益类投资占比为 14.07%，其中股票投资占比为 7.26%；另类投资占比为 22.6%，其中项目债权投资占比 12.35%，长期股权投资占比 7.18%，投资性房地产占比 0.83%；保险资产管理产品占比 2.24%，余下为其他。通过这段描述，我们可以得出下面三条结论：第一，股票和证券投资基金权益类投资还可进一步拆分为股票投资和证券投资基金类投资，二者几乎各占一半，其中股票投资占比略高；第二，另类投资中还可拆分出长期股权投资和投资性房地产，其中投资性房地产占比不足 1%，如果把长期股权投资和股票投资之和（14.44%=7.26%+7.18%）称为股权类投资，则股权类投资占比排名第四（见图 4），前三名顺次为非标投资、银行存款和企业债投资；第三，同业投资中还可拆分出保险资产管理产品投资，22.6% 的另类投资减去 12.35% 的项目债权投资，即得 9.91% 的同业投资，2.24% 的保险资产管理产品占 9.91% 同

---

[1] 中国保险资产管理业协会，"中国保险资产管理业受托管理能力建设报告"，《中国保险资产管理》2016 年第 2 期。中国保险资产管理协会，"中国保险资产管理发展报告"，《中国金融》2016 年第 6 期。

业投资的 22.61%，由此即得保险资产管理产品占同业投资的 1/4 左右。简言之，股票和证券投资基金类投资可以拆分成股票类投资和证券投资基金投资，另类投资中还可拆分出长期股权投资和投资性房地产，同业投资中可以细分出保险资产管理产品的投资比例。鉴于目前我们只能得到前述的时点细分数据，如以此为基准对整体数据（见图 4）进行细分条目的测算，将会产生很大的误差，所以在此我们仅做说明，感兴趣的读者可自行测算。

最后，我们以两个样本为例说明同业投资的条目拆分（见图 5-1、图 5-2）。显见，东吴人寿和恒大人寿的另类投资基本涵盖前述的分类列举条目。就另类投资的规模而言，在 2016 年两例均出现了爆发式增长，部分原因在于同业投资中通过嵌套方式进行的未上市股权投资规模飙升，如恒大人寿在 2016 年通过有限合伙、信托计划和保险资管产品等方式投资未上市股权，规模汇总为 253.74 亿元，占恒大人寿另类投资规模的 48.73%。进一步，在保险公司的财务报表中，一般将另类投资分别记在以公允价值计量且其变动计入当期损益的金融资产、可供出售金融资产、持有至到期投资、归入贷款及应收款的投资等项下，东吴人寿将信托计划和债权投资计划记下归入贷款及应收款项下，即非标投资，这表明同业投资中也还有非标投资，在此由于信息可得的样本数据不多，我们也不做进一步的详细拆分，仅做前述简要说明。

图 5-1　保险资金运用"另类投资"示例（东吴人寿案例）

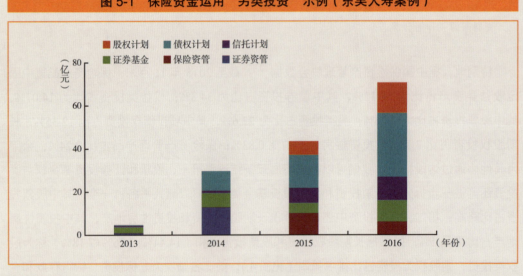

图 5-2　保险资金运用"另类投资"示例（恒大人寿案例）

资料来源：公司历年年报。

二、另类投资模式：非标与同业

保险资金运用渠道的机制不外乎直接投资和间接投资两大类，其中，银行存款、债券投资以及股票和证券投资基金以直接投资为主，而占比与日俱增的"另类投资"则以交易结构和业务创新的间接投资为主，二者分别与非标投资和同业投资机制相呼应。

（一）非标投资：债—股—项目—明股实债（项）

非标资产债权投资模式的本质是基于信托原理设计的一种固定收益类产品，参与方有设立投资计划、负责运营管理的受托人，即保险资产管理公司；由认购相关受益凭证、享受投资收益的委托人（如保险或银行等机构）；获得资金、还本付息的债务人，即项目融资方；提供信用增级的担保人；负责投资计划财产专项账户托管的托管人以及提供监督服务的独立监督人。简言之，保险债权投资计划基本架构的主要参与方有受托人、委托人、债务人、担保人、托管人和独立监督人等六类主体（见图6）。

图6 债权投资计划的主要参与方及其功能定位

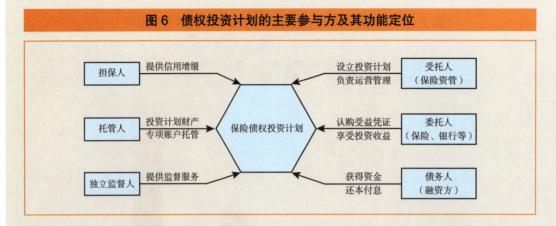

资料来源：作者绘制。

事实上，在实际操作中，担保人、托管人和独立监督人等主体均是随监管政策的变化而增补的，由此衍生的债权投资计划交易结构模式有信用免担保模式、第三方担保模式和反担保模式等三大类，顺次为图7中的实线部分图形示意，增加①环节后的结构示意以及增加①和②环节的结构示意。实践中，就参与主体的角度而言，增加了负责监管资金使用、保证还本付息的资金监管方。

图7 债权投资计划的交易结构示意

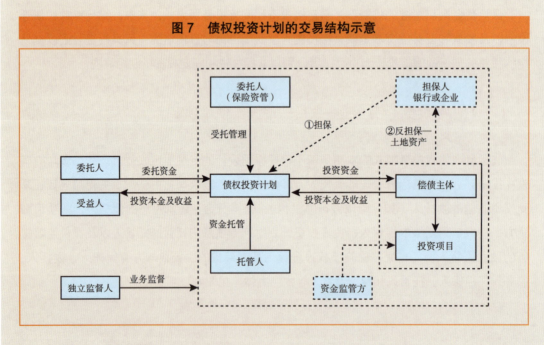

资料来源：作者绘制。

在第三方担保模式的交易结构中，担保方可以是商业银行，也可以是其他企业，其中具有担保资格的商业银行是列入银监会"股份制商业银行"名单的商业银行或境内外上市的股份制商业银行；而对担保企业的要求则是担保人信用评级不低于偿债主体信用评级，同一担保人全部担保金额占其净资产的比例不超过50%，偿债主体母公司或实际控制人提供担保的，担保净资产不低于偿债主体净资产的1.5倍。2015年6月1日，国家发改委联合财政部等六部门联合发布《基础设施和公用事业特许经营管理办法》，明确要求由政府向政府融资平台采购相关工程，政府和融资平台签订《特许经营协议》，由政府按年度向企业提供特许经营补贴，政府融资平台按照合同规定完成工程建设，将《特许经营协议》项下应收账款质押，并由银行监管相关资金，此即资金监管方的由来。进一步，为更好地保证债权投资计划的还本付息，保险资产还将与政府平台公司签订《应收账款质押合同》。政府平台公司以《特许经营协议》项下政府向其支付的补贴款，对《投资合同》项下的全部债务责任承担担保责任。《应收账款质押合同》中政府平台公司为出质人，保险资产管理或银行为质权人。

与企业债、公司债和中期票据等同类融资工具项目相比，债权投资计划的主要特性有：第一，利率确定是协商定价，自主把握性强，其他均为市场化定价；第二，目前无净资产规模占比要求，只与项目投资额挂钩，而其他融资方式则要求累计余额不超过净资产的40%；第三，债权计划的发行主体为具有法人资格的企业，而企业债的主体为国有企业，公司债的主体为股份公司和有限责任公司，中期票据的主体则为具有法人资格的非金融企业；第四，债权计划对发行主体的财务状况基本无要求，其他融资方式如企业债则要求发债主体连续三年盈利、盈利状况良好；第五，期限结构上，债权计划长短期均可，其他融资方式短则3年，长则7年。鉴于此，众多企业选择债权计划作为其融资方式，具备图7几乎所有特征的案例为太平洋—南京青奥中心债权计划，受托人太平洋资产管理公司负责设立太平洋—南京青奥中心债权投资计划（见图8），委托人和受益人分别负责委托资金和获得投资本金及收益，民生银行集"托管人、担保人和资金监管方"三种功能于一身，同时偿债主体河西国资集团还对担保人民生银行做了反担保增信措施，大成律所作为独立监督人对整个债权计划的操作运行进行独立监督。

图8 太平洋—南京青奥中心债权计划交易结构示意

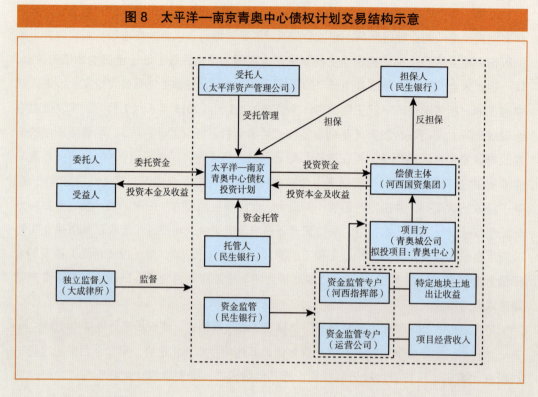

资料来源：作者绘制。

    非标资产股权投资模式的本质则是将图7中的受托人与融资方的债权债务关系调整为股权关系，即受托人获得与其向融资方提供的资金规模等价的融资方或融资方项目公司的股权，基本交易结构详见图9中的实线部分。主要流程是受托人保险公司或保险资产管理公司成立股权投资计划，与融资方一起入股其成立的项目公司，到期获得股权收益。实践中，融资方向受托人或委托人承诺远期回购股权或回购持有股权（收益权）的金融工具（份额），以保障委托人如期退出。为进一步实现信用增信，也可由高信用等级的主体对回购主体支付金额不足部分承担补足义务的承诺，或对持有股权（收益权）的金融工具（份额）进行增信，即图9中实线和虚线融合的结构示意图。融资方股权融资和回购、差补相关权利义务均以缔结双务合同形式实现，受到《合同法》的约束和保护。综上，融资方及其利益相关方的股权融资模式虽然在法律形式上表现为股权，但回购和差补承诺或者其他形式，比如在股权投资基金层面无条件认购次级有限股份，为优先级有限股份退出提供流动性支持等对投资本息的保证性条款使得这种融资方式从风险实质上可视为债务性质的融资工具。换言之，带显性或隐性回购条款的股权融资模式兼具股权债权双重性质，委托人或受托人缔结项目公司股权融资的承诺是以股权投资本金的远期有效退出和约定利息收益的刚性实现为要约条件，使项目公司层面的股权性质和融资方整体的债务性质并存，故称"明股实债"①。

图9　股权投资模式及明股实债投资模式的交易结构示意

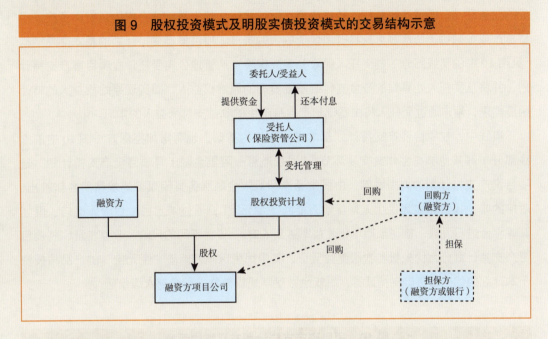

资料来源：作者绘制。

　　"明股实债"融资模式作为私募发行的非标准化的融资工具类别，以其交易结构条款的设计满足了投融资双方的诉求，也在《合同法》的约束和保护下得以运用。其可以是股权投资计划、信托计划等具有较强监管约束的资管计划作为特殊目的载体贯穿资金募集和项目股权投资的全过程，也可以通过获得私募股权基金份额（以优先级LP份额为主）的方式实现间接股权投资，或者在优先级有限合伙份额之上叠加资管计划特殊目的载体以更好地满足监管和资产配置方要求，同时以非项目主体远期回购受让股权和支付金额的差额补足作为配套增信以成全"明股实债"的结构设计。其中需要特别说明的是，增加私募股权基金份额或在其之上叠加资管计划特殊目的载体的股权投资交易结构只是在基本交易结构（见图9）上增添相应的环节或参与主体即可，在此不再一一予以图示。股权投资模式的代表案例是京沪高速铁路股权投资计划，平安资产管理公司、太平洋资产管理公司、泰康资产管理公司和太平资产管理公司作为受托人，平安人寿、太平人寿作为委托人，中国再保险集团、中意人寿保险公司和中国人民财产保险公司作为参与认购人和受益人，中国

---

① 奎武："明股实债类融资工具的界定与风险识别"，《中国保险资产管理》2016年第4期。

建设银行作为托管人，国家开发银行作为独立监督人。

非标资产的项目资产支持计划投资模式即保险资产管理公司等专业机构作为受托人设立支持计划，以基础资产产生的现金流为偿付支持，面向保险机构等合格投资发行受益凭证的业务活动，即资产收益权的转让或资产证券化等，其中基础资产作为信贷类资产、小贷资产或金融租赁资产等自身具有现金流的金融资产。项目资产支持计划的基本交易结构（见图10中的实线部分）是受托人保险公司或保险资产管理公司受托设立项目资产支持计划，并将从委托人处募集的资金支付给基础资产的原始权益人，即实现原始权益人的转让融资需求，期末通过受托人将由基础资产自身产生的收益支付受益人的本息。

实践中，在项目资产支持计划基本交易结构的基础上也有增加担保方（图10中的虚线部分）等其他参与主体或交易环节。"民生通惠—阿里金融1号项目资产支持计划"是项目资产支持计划的典型案例，由民生通惠和蚂蚁金融服务集团旗下蚂蚁微贷合作推出，对接的唯一投资通道为民生人寿保险万能险"金元宝"，通过淘宝民生保险旗舰店、聚划算等平台进行发售，首期预期年化收益率达到6.2%。根据不同的风险、收益特征，将项目资产支持计划分为优先级和次级受益凭证，其中民生保险万能险"金元宝"的产品将投资于本计划的优先级资产支持证券，蚂蚁金融旗下蚂蚁微贷持有全部次级份额。

图10 项目资产支持计划交易结构示意

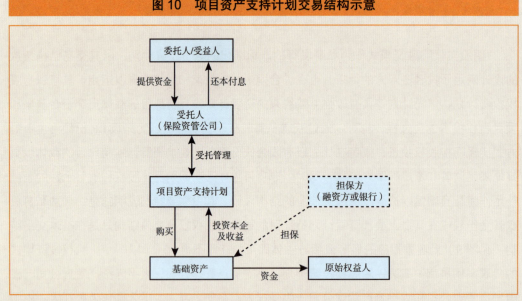

资料来源：作者绘制。

在前述股权投资计划中，我们提到可以引入私募股权LP份额或其他资管计划特殊目的载体实现间接股权投资，事实上，这种形式的股票投资模式本质上是项目资产支持计划，即"明股实项"投资模式，交易结构示意详见图 11。显见，该交易结构基本融合债权、股权投资模式中的多重元素，如担保、反担保等。从政策层面而言，该交易结构是"43 号文"之后的创新结果，因为这样的交易结果不需要财政兜底，不需要政府资产抵押，不需要增加地方政府债务率。保险资金投资为项目公司提供了资本金，为项目公司或上游相关单位引入商业银行贷款创造了条件。项目公司产生的收益可以覆盖保险资金"名股实项"融资和商业银行贷款融资成本。事实上，除担保和反担保增信措施外，该交易结构还做了两种增信方案：一是要求融资方实际参股项目公司；二是要求由财政、土地出让收入和土储贷款做支撑的土地储备机构做好回购方回购和项目公司的隐性担保，即应对"43 号文"的一种创新。

图 11 "明股实项"投资模式的交易结构示意

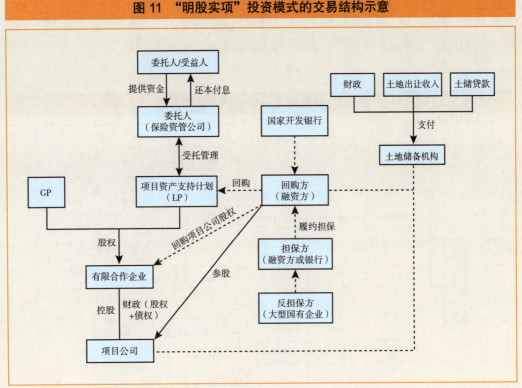

资料来源：作者绘制。

简言之，以上我们主要介绍非标投资的债权、股权和项目资产计划三种形式与担保、回购两种增信措施组合的六种交易结构以及明股实债和明股实项两种衍生交易结构，共计八种非标投资交易结构。作为本节的结尾，我们补充介绍不动产投资和 PPP 两种保险非标投资的交易结构。保险资金投资不动产源于 2010 年保监会颁布的《保险资金投资不动产暂行办法》，深化于 2012 年保监会颁布的《保险资金境外投资管理暂行办法实施细则》的境外不动产投资实践，与其他投资方向一样，保险资金投资不动产也分直接投资和间接投资两种渠道，其中直接投资还可再分为物权方式、债权方式和股权方式三种方式，间接投资主要指投资不动产金融产品，如不动产投资基金和不动产投资计划，详见图 12。以中国人寿购买的伦敦金丝雀商务区 10 号项目为例简述境外不动产购买的交易架构 [①]。首先是建议采用国际惯用的交易架构。基于合法降低税负、隔离法律风险、提高退出转让的灵活性等方面的考虑，跨境投资通常会设置多层架构，包括在离岸地设置 SPV，或者通过有限合伙企业方式进行合资投资等。其次，要考虑到项目投后管理的需要。10 号项目在股权架构设计时要求卖方金丝雀集团保留 10% 的股权，由其负责资产管理工作，这种做法既可以确保双方利益一致（金丝雀集团是整个片区的开发商和运营商），也可以降低中国人寿在境外尚未建立专业团队而造成的管理难度。在交易过程中，金丝雀集团的股东卡塔尔投资局也表现出了浓厚兴趣，希望共同投资。基于降低风险的考虑，中国人寿同意出让 20% 的股权，从而达成了三方共同投资并由中国人寿占据主导地位的交易架构。

图 12　保险资金不动产投资渠道方式

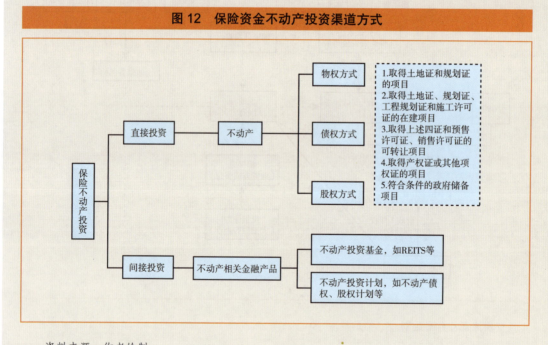

资料来源：作者绘制。

[①] 刘晖："保险资金境外不动产投资案例分析"，《中国保险资产管理》2016 年第 1 期。

为贯彻落实党中央国务院的决策部署，努力发挥保险功能作用，保险业在参与 PPP 模式上开展了一些初步探索，主要的合作模式如下 [①]：一是作为有限合伙（LP）设立 PPP 基金，根据保险资金的风险收益分配机制，分为明股实债和股权投资两种；二是作为财务投资者投资 PPP 项目，即保险资金通过债权、股权、股债结合等方式，间接为 PPP 项目提供融资，获取财务收益回报；三是作为风险管理者参与 PPP 项目，如通过推广建工险、企财险、责任险、意外险等险种的方式，降低 PPP 各方风险，提升项目信用等级，降低 PPP 项目的融资成本；四是与各类产业资本组成联合体，共同参与 PPP 项目，由保险机构负责项目融资，产业资本负责设计建设、运营维护等工作；五是未来在 PPP 项目中担当综合化的金融服务顾问机构，为 PPP 项目提供良好的金融资源，包括投资、投行、保险、资管等服务。保险资金参与 PPP 项目的典型案例是北京地铁 16 号线，采用 "PPP+ 保险股权投资" 复合模式，由北京市基础设施投资有限公司（简称 "京投公司"）承担项目规划和建设，京投公司将总投资分为投资建设（A 部分）和运营管理（B 部分）。A 部分通过股权融资方式引入中再资产管理股份有限公司（简称 "中再资产"），分两期出资 120 亿元，B 部分引入北京京港地铁有限公司（简称 "京港地铁"）作为特许经营出资 150 亿元。其中，中再资产将持有的股权全部委托京投公司管理，不参与 16 号线公司的经营管理，承诺不向第三方转让其所持有股权。期末京投公司按原值回购中再资产持有股权，中再资产获取 7% 的年化收益。

（二）同业投资：业务创新

本节我们重在分析同业投资中保险与商业银行合作的协议存款通道业务、保险与信托公司合作的保险信托业务以及保险与证券公司合作的两融收益权业务。在 "银行理财" 章节中，我们陈述银证保合作模式，即商业银行通过保险公司和证券公司通道业务将同业存款变为一般存款，在保险资金运用环节中，保险与银行合作的主要业务模式同样在此，即利用通道业务将同业存款变为一般存款，也即 "三套利" 中的 "监管套利"。基本流程为商业银行以自有资金、理财资金或同业存单投资保险资管公司设立的资管计划，并持有到期。保险资管计划以资管计划资金存入需求行作为保险协议存款的业务，在保险协议存款业务中，具备吸收保险协议存款业务的银行由出资行制定，出资行同时制定存款利率和期限，目的在于将同业存款变为一般存款，交易结构见图 13。

① 王宇文："保险资金对接我国基础设施 PPP 模式研究"，《中国保险资产管理》2016 年第 1 期。

图 13　协议存款交易结构示意

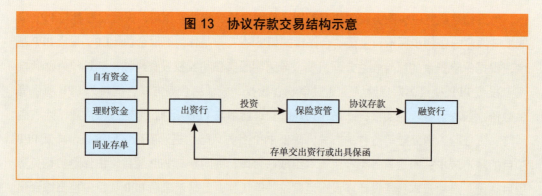

资料来源：作者绘制。

　　保险资金运用与证券资管计划合作的主要方式之一是两融收益权业务。2015 年 7 月 9 日中国保监会发布关于保险资产管理产品参与融资融券债权收益权业务有关问题的通知（简称"通知"）中明确，"为维护资本市场健康稳定发展，防止股市非理性下跌，切实维护投资者和投保人合法权益，现将有关事宜通知如下：'保险资产管理公司通过发行保险资产管理产品募集资金，与证券公司开展融资融券收益权转让及回购业务，可以协商合理确定还款期限，不得单方面强制要求证券公司提前还款。本通知自发布之日起执行。'"通知给出保险资金运用两融收益权的方式或期限等规定。实践中，保险资产管理公司可以直接受让证券公司的两融收益权，另外，保险公司或保险资产管理公司认购集合资金信托计划，如太保集团曾认购的建信信托—优享 1 号集合资金信托计划第三期，信托计划的受托人为建信信托，原始权益人为海通证券，信托资金用于受让海通证券持有的融资业务的债权收益权，海通证券承诺按合同约定的回购价款进行溢价回购。显见，保险资金通过认购信托计划参与两融业务的模式可以归结为项目资产计划。

　　前述认购集合资金信托计划是保险资金与信托公司合作的主要模式之一。保险公司与信托公司合作的第二类业务模式为企业年金模式，即根据企业年金法人提升年金收益的要求，信托公司寻找投资标的，有针对性地设立信托计划，案例如 2014 年 7 月百瑞信托与中国人寿养老保险共同设立的"百瑞安鑫 1 号单一资金信托"，信托对接的是企业年金，百瑞信托将信托本金以信托贷款方式贷放给青海黄河上游水电开发有限责任公司。第三类业务是保险信托业务，基于保险受益金的家族信托，传统的家族信托架构是委托人将资金或其他财产委托给受托人，受托人按委托人的意愿向受益人分配受益，增加保险受益金后的保险信托有两种运作思路：一种是委托人将其名下的保险受益金委托给受托人，另一种则是委托人将现金委托给受托人，由受托人定期支付保费，保险到期后自动将保险受益金转入家族信托，交易结构如图 14 所示。

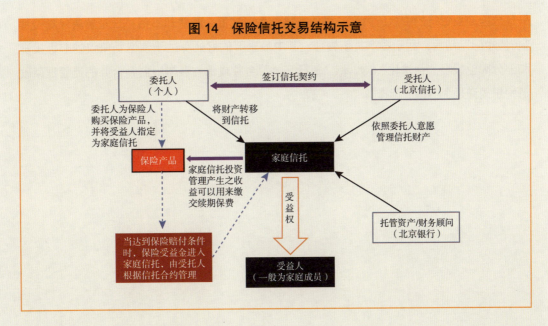

图 14　保险信托交易结构示意

资料来源：北京银行、北京信托。

三、另类投资发展：合法化

近年来，随着保监会"放开前端、管住后端"监管理念的深化，以"偿二代"为监管后盾的承保市场化和投资自由化改革不断推进。2012 年以来的一系列保险资金运用新政已经将保险资金的运用范围由原来债券、股票等传统大类资产逐步放宽到不动产、非上市股权、境外投资和资产支持计划等另类资产。而对保险资金放开贷款业务，即便在 2016 年 3 月公布的《保险资金运用管理暂行办法》（征求意见稿）中仍禁止将保险资金运用形成的投资资产用于向他人提供担保或者发放贷款，保险质押贷款除外。这表明目前国内除了允许寿险保单质押贷款外，其他险资担保或抵押形式贷款一律禁止。保险资金不仅无法直接开展贷款业务，也不能间接通过持有个人住房抵押贷款证券化（MBS）产品等固定收益产品涉足个人住房抵押贷款业务。

在前述分析中，我们可以看到近年保险资金运用的创新发展，基本以非标投资和同业投资为代表的另类投资为主，非标投资的信贷投放功能不言而喻，同业投资中的业务创新也不乏信贷投放功能的创新，如"百瑞安鑫 1 号单一资金信托"等。事实上，保险资金开展贷款业务一直是欧美等发达国家的重要投资渠道之一，如美国寿险业、日本寿险业和中国台湾寿险业保险资金直接投资抵押贷款的比例分别为 45%、50% 和 35%，也是保险资金增强投资收益的重要工具。对我国保险资金运用来说，开展贷款业务至少有如下三点好处：

一是分担商业银行的贷款压力；二是业务风险相对较低，收益却不俗；三是解决保险资金"长债短配"问题，利于资产负债管理。其中最重要的好处莫过于使饱受争议的非标投资和部分同业投资"合法化"。如此，"一行三会"合并或保监会与银监会合并的监管框架改革构想或许是个不错的选择。

第五章 | 证券资管资金流向及其机制分析

一、券商资管的资金来源与运用   085

二、募集资金及投资机制分析   090

    （一）集合资产管理业务   090

    （二）主动管理型定向资产管理业务   091

    （三）通道类定向资产管理业务   092

    （四）专项资产管理计划   095

三、本章小结   097

　　2013～2016 年，证券公司在整个资产管理行业的参与度稳步提升。证券公司资产管理规模快速增长，截至 2016 年末达到 17.31 万亿元，快速增长的主要支撑力量来自通道产品主导的定向资管业务，通道业务的规模占比超过七成。证券公司资产管理业务的绝大部分资金来源于商业银行和信托公司。资金来源的单一性决定了资金管理方式的被动化和资金投向的集中化。近年来，证券公司成为银行委外业务的重要参与方，非标资产是证券公司资产管理计划的主要投向。定向通道业务中，绝大部分资金以投资信托贷款、银行委托贷款、资产收益权及以银行理财、信托计划为主的其他投资等形式投向非标资产。近年来主要受资本市场波动影响，标准化资产中债券的配置比例显著上升。证券公司与银行、信托、基金、保险等其他资产管理机构之间的业务合作和产品交叉进一步加剧，主要由监管套利驱动。产品设计方面的创新主要围绕融资融券业务、资产证券化业务等展开。未来一段时间，资产管理行业的统一监管将显著压缩通道业务，倒逼通道业务向主动管理业务转型。发挥牌照优势、提升主动管理能力、深耕资本市场将是证券公司资产管理业务的发展方向。A

一、券商资管的资金来源与运用

　　2013～2016 年，证券公司资产管理规模快速增长。截至 2016 年末，券商资管规模达到 17.31 万亿元，同比增长 45.6%，增速较 2015 年略有下降（见图 1）。大资管时代，证券公司在整个资产管理行业的参与度稳步提升，规模占比由 2013 年的 11.6% 上升至 33.4%。从业务条线来看，券商资产管理规模快速增长的主要支撑力量来自定向资管业务。尽管近年来定向资管业务的占比持续下降，但截至 2016 年末，占比仍高达 84.8%，较 2014 年末下降 8 个百分点。在定向资管业务中，被动型的通道业务占据绝对主导地位。2010 年，银监会叫停银行使用信托腾挪转让表内信贷资产后，券商资管成为银行将表内信贷类资产转移至表外的主要通道。2012 年券商创新大会之后，在"放松管制、加强监管"的政策导向下，券商资管业务迅速发展，相对于已经受到较多监管约束的银行理财和信托，该类业务面临的监管环境较为宽松，为处于监管灰色地带的通道业务提供了新出口。尤其是，近年来，在"资产荒"的背景下，部分证券公司凭借主动管理能力的提升，依靠灵活的产品设计及绝对收益投资理念，成为银行委外业务的重要参与方。

本章作者：王伯英，李彦冰。

图1　2013～2016年证券公司资产管理业务规模

数据来源：中国证券投资基金业协会。

从资金来源看，证券公司资产管理业务的绝大部分资金来源于商业银行和信托公司。定向资产管理业务和专项资产管理业务的投资主体几乎全部为机构投资者。截至2016年底，定向资产管理业务中，商业银行和信托公司委托规模约为12.68万亿元，占定向资管总规模的86.3%，规模占比较前两年微幅下降，个人投资者的占比不足1%。集合资产管理业务中，机构投资者的占比持续上升。截至2016年底，机构投资者委托规模超过个人投资者规模，占比为57.1%，较2013年上升25.1个百分点（见表1）。

表1　2013～2016年券商资产管理业务的资金来源　　单位：万亿元，%

年份	总规模	集合资管			定向资管			专项资管
		规模	个人占比	机构占比	规模	个人占比	机构占比	企业或机构规模
2013	5.20	0.36	68.0	32.0	4.83	0.1	99.9	0.01
2014	7.95	0.66	63.9	36.1	7.25	0.2	99.8	0.04
2015	11.90	1.56	48.2	51.8	10.16	0.3	99.7	0.18
2016	17.31	2.19	42.9	57.1	14.69	0.3	99.7	0.43

数据来源：中国证券投资基金业协会，作者整理。

资金来源构成的单一性决定了资金管理方式的被动化和资金投向的集中化。从资金的管理方式来看，被动管理型的通道产品一直在券商资管中占据绝对比重，主要集中在定向资管业务。定向资产管理业务为单一客户提供资产管理服务。通道业务帮助银行调整资产负债表，实现资产出表、节约资本占用、间接信贷投放等目的。2016 年，证券公司在基金子公司通道受限的情况下，加大与银行的合作，通道规模进一步增长。截至 2016 年末，我国证券公司通道业务规模为 12.39 万亿元，同比增长 39.9%，占券商资管总规模的 71.6%。2016 年以来，监管层压缩通道态度明显，多次发文提高券商、基金及基金子公司开展通道业务的门槛。2017 年 5 月，证监会发言人张晓军在新闻发布会上明确提出"证券基金经营机构不得从事让渡管理责任的'通道业务'"。通道业务在券商资管业务中的占比很高，"去通道、降杠杆"的政策导向，将导致资管规模短期收缩，倒逼通道业务向主动管理转型。

尽管通道类业务规模体量较大，但附加值较低，不能构成券商资管的核心竞争力。以通道业务为主的定向资管业务的规模占比超过七成，但收入占比仅为 55.4%。由于通道方往往不需要负责项目端及资金端，也不承担投资风险，因此手续费也较低。同时受基金子公司、证券公司间激烈竞争的影响，通道业务的手续费一直呈下滑趋势。集合资管及专项资管等主动管理类产品更强调管理人的投资能力、产品设计能力等，平均费率远高于定向资管。2016 年集合资管及专项资管的费率分别为 0.44% 及 0.23%，远高于定向资管的费率（0.09%）。

近年来，证券公司不断谋求转型发展，提升主动资产管理能力。从业务构成来看，以通道为主的定向资管规模占比仍较大，但增速开始放缓，占比持续下降。体现主动管理能力的集合计划和专项资管计划的规模高速增长，成为券商资管发展的重点业务。截至 2016 年末，券商主动管理业务规模为 4.94 万亿元，同比增长 62.5%，占比由 2014 年末的 17.0% 上升至 28.5%。其中集合计划规模为 2.19 万亿元，同比增长 40.4%，相当于 2013 年末的 6 倍。2015 年是集合资产管理业务爆发式增长的一年，与低利率市场环境和较为宽松的市场监管政策密切相关。专项资产管理业务规模的大幅增长则主要源于资产证券化（ABS）业务的高速发展。2014 年，《证券公司及基金管理公司子公司资产证券化业务管理规定（修订稿）》颁布，规定证券公司（以专项资管计划为载体）及基金子公司可以开展资产证券化业务，并将原有审批制改为备案制和负面清单管理机制。在较宽松的监管政策环境和产品结构不断优化的背景下，资产证券化业务取得飞速发展，就此带动了专项资产管理业务的发展。截至 2016 年末，证券公司专项资管计划规模达到 4315 亿元，同比增长 140.6%，相当于 2014 年末的 11.8 倍。

从证券资产管理业务的资金运用来看，非标资产仍然是证券公司资产管理计划的主要投向，标准化资产中债券的配置比例显著上升。截至 2016 年底，投向各类委托贷款、信托贷款、资产收益权等非标资产的规模约为 11.67 万亿元，占比为 67.4%；投资债券市场的规模约为 4.90 万亿元。具体到各业务条线，集合计划和主动管理型定向资管计划的投资分布相近，标准化资产占绝对比重，债券是首要的配置品种。2016 年，债券市场持续向好，债券供给加大，证券资管配置债券资产的比例显著上升。截至 2016 年底，集合资管计划中 63.5% 的资金投向债券市场，占比较 2015 年底上升 25.7 个百分点。受股票市场低迷、融资类项目兑付风险事件多发等因素影响，投资股票、基金、协议存款、信托计划的占比明显下降。定向资管业务中主动管理业务的资产配置亦表现出类似的趋势。2016 年，主动管理定向业务中债券市场投资规模为 1.56 万亿元，占比为 55.7%。债券市场的投资规模占比较 2015 年末上升 10.2 个百分点。信托计划和股票市场的投资规模占比明显下降。

定向通道业务的投资分布特点与主动管理业务有所不同，绝大部分资金以投资信托贷款、银行委托贷款、资产收益权及以银行理财和信托计划为主的其他投资等形式投向非标资产。但近年来，以债券为主的证券投资的规模和占比有所提升。截至 2016 年底，以债券投资为主的证券类资产规模达 1.96 万亿元，占比为 15.8%，占比较 2014 年末上升 5.4 个百分点，与 2015 年末基本持平。另外，银行委托贷款和信托贷款的投资规模较快增长，但占比呈现下降趋势。资产收益权和其他投资（以银行理财和信托计划为主）的规模增长迅速，占比大幅上升。其他投资规模占比由 2015 年底的 17.7% 上升至 2016 年底的 22.3%，这表明不同类资产管理机构之间的业务交叉和产品嵌套现象更加严重（见表 2）。具体从融资类通道业务的行业分布来看，资金最终投向为一般工商企业、房地产、基础产业及地方融资平台。近年来，地方政府性债务遭受清理，投向基础产业和地方融资平台的存量规模逐年递减。投向一般工商企业的资金规模则有显著增长（见图 2）。

表 2　2016 年证券资产管理业务资金运用　　　单位：万亿元

业务类型		投资方向		规模
集合资管 2.19	证券投资 1.67	债券		1.39
		基金		0.12
		股票		0.17
	存款 0.15	协议或定期存款		0.15
	资管计划 0.18	信托计划		0.13
		专项资产管理计划		0.05
		其他		0.19
定向资管 15.19	主动管理 2.80	证券投资 1.84	债券	1.56
			股票	0.18
			基金	0.10
		存款 0.04	同业存款	0.04
		资管计划 0.35	信托计划	0.23
			券商集合计划	0.13

续表

业务类型		投资方向		规模
主动管理 2.80	其他 0.57	债券逆回购		0.10
		股票质押回购		0.06
		资产收益权		0.02
		其他		0.39
定向资管 15.19	通道业务 12.39	证券投资 1.96		1.96
		非标资产 6.55	信托贷款	1.48
			银行委托贷款	1.75
			资产收益权	1.77
			票据	1.56
		存款 0.58	同业存款	0.58
		其他 3.31	股权质押融资	0.47
			债券逆回购	0.07
			其他（以银行理财和信托计划为主）	2.77
专项资管 0.43		以 ABS 为主		0.43

资料来源：作者整理。

图2　2014～2016年通道业务资金最终流向

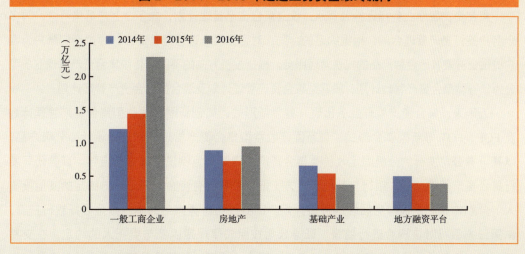

数据来源：中国证券投资基金业协会。

二、募集资金及投资机制分析

2013 年 2 月，证监会发布《资产管理机构开展公募证券投资基金管理业务暂行规定》，允许券商、私募和保险机构从事公募业务，同时证券公司不允许再发起设立投资者超过 200 人的集合资产管理计划（即"大集合"），由公募基金业务替代。符合一定条件的券商可申请公募资格。自此之后，除公募以外，证券资产管理业务募集资金方式有三大类：集合资产管理业务、定向资产管理业务、专项资产管理业务。三者的投资门槛均为 100 万元人民币，其中，集合资产管理计划和专项资产管理计划都针对多个客户发行，但客户数不能超过 200 个，前者的投资人可以为自然人或机构，后者仅针对机构投资者。定向资管计划针对单一客户发行。从投资范围来看，集合资产管理计划主要投资于交易所或银行间市场的标准化金融产品，以及银行理财、集合资金信托、公募基金、证券公司专项资产管理计划等资管产品，还可以参与融资融券。定向资产管理计划的投资范围由证券公司与客户通过合同约定，可以参与融资融券业务。专项资产管理计划的投资范围包括未通过证券交易所转让的股权、债权及其他财产权利等，还可通过设立特殊目的载体开展资产证券化业务。以通道业务为主的定向资产管理业务在券商资管业务中占据主导地位。

（一）集合资产管理业务

集合资产管理业务指证券公司通过设立集合资产管理计划，向多个客户募集资金，与多个客户签订资产管理合同，根据约定的合同，对客户资产进行经营运作，通过专门账户为客户提供证券及其他金融产品的投资管理服务。根据投资方向的不同，传统集合资产管理业务可分为债券型集合资产管理计划、股票型集合资产管理计划及混合型集合资产管理计划。

近年来，集合资产管理业务出现一些创新形式，如创新固定收益型集合资产管理计划及 FOF、FOT 等新型基金形式。创新固定收益型集合资产管理计划一般设计为分级产品。以某证券公司发行的分级固定收益类集合资产管理计划为例说明其业务流程。证券公司发行集合资产管理计划，银行与其他资金方（证券公司自有资金或银证双方约定的其他投资人）分别作为优先级与劣后级购买该计划。证券公司将募集到的集合资金委托银行托管，由第三方银行对该资金进行监督。证券公司按照法律规定以及与委托人的约定，在交易所、银行间债券交易市场等购买各类债券、基金、国债、信托产品等固定收益类产品。集合资产管理计划到期，证券公司在扣除本计划资产管理的预定费用后，将本金和收益返还给委托人（投资人），计划结束（见图 3）。

图3　分级固定收益类集合资产管理业务交易结构示意

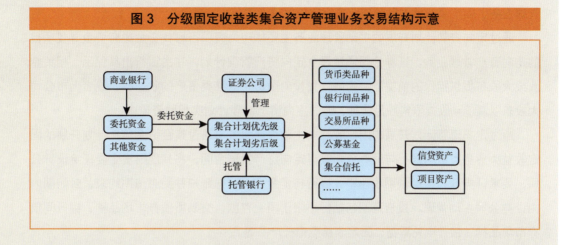

FOF（Fund of Funds）是一种投资于非关联证券投资基金的新型基金形式，即投资于其他基金的基金。FOT（Fund of Trusts）即投资信托计划的基金。以FOT为例，证券公司发行集合资产管理计划，分为优先级和劣后级，约定用于投资集合信托计划。证券公司作为管理人筛选并认购一组优质集合资金信托计划项目。信托计划资金运用于标的投资项目。投资项目产生现金流，信托计划获得投资收益。信托计划向集合资产管理计划分配信托收益。集合资产管理计划向投资人分配收益。业务流程见图4。

图4　FOT交易结构示意

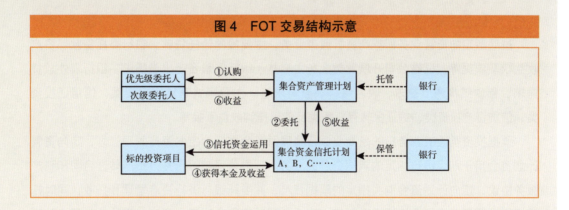

（二）主动管理型定向资产管理业务

定向资产管理业务向单一客户募集资金，其投资范围由证券公司与客户通过合同约定，可分为主动管理型和被动管理型。主动管理型定向资管业务主要投向债券、同业存款、信托计划及股票等。主动管理型定向资管业务主要包括通过定向计划开展类信托主动管理业务、固定收益类主动管理业务及市值管理业务等。

通过定向资管计划开展的主动管理业务主要体现为有项目寻找资金或有资金寻找项目的定向资产管理业务。证券公司通过设立定向资产管理计划，在由银行出具保函、相关企业或大股东提供担保的前提下，定向计划投向融资企业某类资产的收益权，或者上市公司大股东以其流动股或限售股为质押，通过定向资产管理计划实现融资需求。

通过定向资管计划开展的固定收益类主动管理业务与通过集合资金信托计划开展的固定收益类业务类似。银行与证券公司签订定向资产管理合同，将其理财资金委托给证券公司，要求证券公司实现预期收益率。银行将资金划入定向账户并受封闭期约束，封闭期内由证券公司主动管理。投资范围包括但不限于同业存款、交易所债券市场品种、银行间债券市场品种、银行承兑票据、固定收益类信托产品等。

市值管理业务是证券公司针对持有解禁限售流通股、按照法定要求必须保持一定持股比例的上市公司以及持有固定证券组合的客户提供保值、增值服务的一项资产管理业务。委托人将合法拥有的上市公司股票委托给证券公司设立定向资产管理计划，与证券公司以及托管银行签订《定向资产管理合同》。证券公司通过委托人证券专用账户为客户提供市值管理服务，包括减持管理、波段操作管理、减持重配管理、融资融券管理、股票质押融资管理等。

（三）通道类定向资产管理业务

被动型定向资管业务即券商资管通道业务，主要投向信托贷款、银行委托贷款、资产收益权及票据等。证券公司开展此类业务主要基于银行存量资产出表需求、银行表外放贷需求、存款结构调节需求、收入结构调整需求等。主要模式有票据投资类、信用证投资类、信贷资产投资类、银证保转存业务类及信用挂钩收益互换等。

票据投资类通道业务指的是商业银行将理财资金委托给定向资产管理计划，定向资管计划资金用于购买银行指定的票据资产的业务。证券公司与银行签订资产转让合同和资产服务协议，定向计划资金购买指定的票据资产，并委托银行进行资产管理和托收，同时托管银行按照管理人指令进行资金划拨。该业务帮助银行实现表内资产向表外的转移，并腾出新的信贷额度。通过银证合作，商业银行一方面有效规避了对理财资金运用的监管限制，另一方面为信贷由表内转移至表外提供了可能（见图5）。

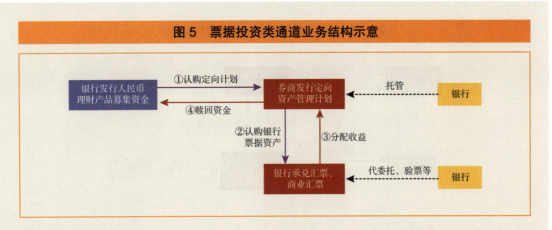

图 5　票据投资类通道业务结构示意

资料来源：作者整理。

　　信用证投资类通道业务是开证行为不挤占银行表内信贷额度，不扩大存款规模，借助券商资管定向通道进行的银行间信用证划款业务，其本质是银行突破贷款规模的限制，扩大表外资产。操作流程见图 6。

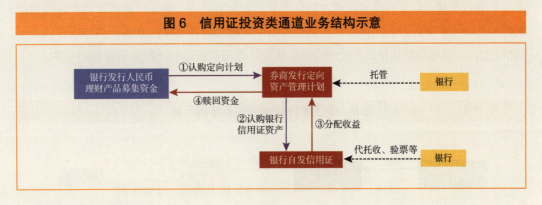

图 6　信用证投资类通道业务结构示意

资料来源：作者整理。

　　信贷资产投资类（信托贷款／银行委托贷款）通道业务指银行借道券商定向产品通道进行信贷投放的业务，既优化银行报表结构，又增加贷款收入。商业银行将人民币理财资金委托给定向资产管理计划，定向资产管理计划购买指定单一信托计划或直接委托银行贷款。信托计划以信托资金购买银行对指定企业拥有的信贷资产或发放信托贷款。所购买的企业信贷资产产生现金流，信托计划获得投资收益（见图 7）。

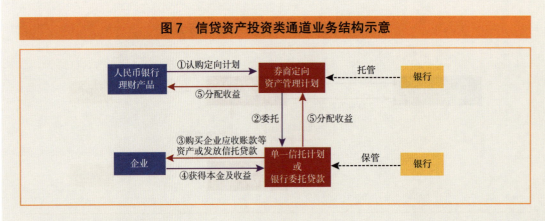

图 7　信贷资产投资类通道业务结构示意

资料来源：作者整理。

　　银证保转存通道业务的本质是将同业存款转化成一般性存款，帮助银行突破利率管制，扩大存款规模。该业务的政策背景是，保险资产管理公司的存款不属于金融机构的同业存款，而是一般性存款，在计算存贷比时，可以计入银行存款规模。该业务有助于银行优化业务指标，扩大存款规模。业务流程见图 8。委托银行 A 以理财资金委托证券公司成立定向资产管理计划。证券公司作为定向资管计划的管理人，将委托资产投资于保险资产管理公司的资产管理计划。保险资产管理计划以保险公司名义存入 B 银行的协议存款（一般性存款）。该笔存款到期后资金通过保险资管计划和券商定向计划返回 A 银行账户。

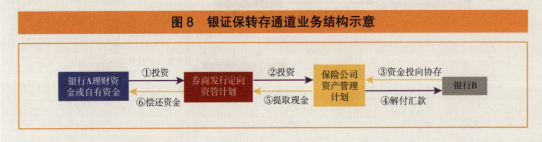

图 8　银证保转存通道业务结构示意

资料来源：作者整理。

　　信用挂钩收益互换（TRS）产品是通道业务的创新形式之一。业务流程见图 9。银行发行非保本浮动型理财产品募集资金，理财资金投资于银行定期存款，资金在理财客户的保证金账户中形成类似于结构性存款的保证金存款。银行通过自营资金或同业资金投资于券商定向资管计划、单一信托计划、基金子公司专项计划等非标资产，通过券商、信托、基金子公司等通道机构以委托贷款的形式为客户融资。理财产品所投资的定期存款为银行投资的非标资产提供质押担保，而理财客户与银行签署担保合同。同时，资管计划与理财产品通过签订 TRS 协议，将利率较低的定期存款收益互换为利率较高的资管产品浮动收益。

对商业银行而言，这一操作模式的吸引力有三点：其一，实现存款增加，理财产品完成募集后，资金将在理财客户的保证金账户中形成类似于结构性存款的保证金存款；其二，无风险资本占用，资管计划对应的委托贷款与理财资金形成收益互换，非标投资被置换为足额保证金投资，不占用风险资本；其三，扩大理财规模及非标资产规模，信用互换理财产品的名义投资标的为保证金存款，不属于"8号文"规定的非标资产，因此不被纳入非标额度限制，反而扩充了理财总规模，提升了非标资产空间。

这种操作方式主要存在两方面的争议：一是实现表内风险表外化，银行表内非标投资的信用风险转移至表外理财，表面上看，投资风险由客户承担，实质上银行提供了隐性担保，仍然是实质风险承担主体，最终实现了非标资产投资却规避了风险资本占用；二是信息披露不充分，产品投资方向表述为"银行投资资产做质押的保证金"，零售端理财客户看不到投资标的本身，实际信用风险仍由银行承担。

图9　TRS产品运作模式

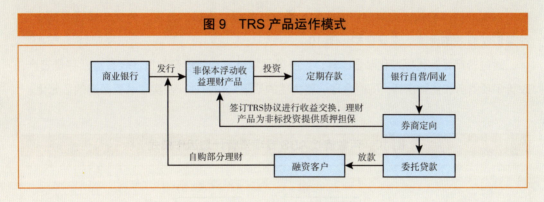

资料来源：作者整理。

（四）专项资产管理计划

《证券公司资产证券化业务管理规定》规定证券公司通过设立专项资产管理计划发行资产支持证券。资产证券化是以能够产生可预期现金流的资产为支持发行证券进行融资的过程。对于融资者而言，资产证券化业务是一种债务融资；对于投资者而言，资产证券化产品是一种固定收益品种。2014年资产证券化业务采用备案制后，证券公司资产管理业务呈现井喷态势。其基本操作模式为：证券公司发起设立一个专项资管计划，作为资产证券化的SPV。专项资产管理计划向合格投资者发行固定收益类的专项计划受益凭证用于募集资金。专项计划募集所得资金专项用于购买原始权益人所拥有的特定基础资产。专项计划以基础资产所产生的现金流入向受益凭证持有人偿付本息。资产证券化业务有利于优化企业财务报表、降低融资成本，同时能为投资者带来相对稳定的高收益。但目前实践中，资产证券化产品没有形成活跃的交易市场，资产管理产品一般会设置差额补足条款等增信措施，本质上基础资产的风险不能完全剥离。

1. 两融债权 ABS

2015 年 7 月，证监会宣布允许证券公司开展融资融券债权资产证券化业务。8 月，国内首单以证券公司两融融出资金债权为基础资产的资产支持证券（ABS）——"国君华泰融出资金债权资产证券化 1 号资产专项计划"正式发行，并在上海证券交易所挂牌转让。该计划管理人为华泰资产管理有限公司，基础资产为国泰君安证券公司开展融资融券业务而对融入方享有的债权及其附属担保权益。初始资产池涉及国君持有的两融债权资产，初始资产池总额为 5.00 亿元。该计划分为优先级资产支持证券和次级资产支持证券。优先级规模为 4.75 亿元，评级均为 AAA 级。次级资产支持证券规模为 0.25 亿元，由国君证券公司全额认购，同时对优先级各档证券提供差额支付，并在交易结构中设计了循环购买结构，以实现资产端和证券端的期限匹配。通过优先级、次级的分层，为优先级证券的安全性提供了有效的保障。交易结构见图 10。

通过资产证券化标准化融资工具，证券公司能够主动管理资产负债表，盘活存量资产，改善多项财务和监管指标，同时合理调整负债的期限结构，进一步实现融资渠道的多元化。

图 10 两融债权 ABS 专项资管计划运作模式

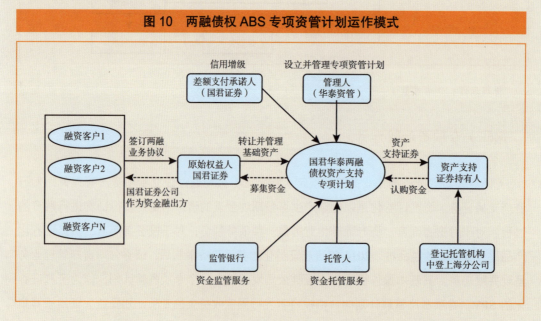

资料来源：作者整理。

2. 双 SPV 类 REITs

2015 年底，上交所首单类 REITs 资产证券化项目——"恒泰浩睿—海航浦发大厦资产支持专项计划"发行完毕。该项目总规模 25 亿元，计划管理人为恒泰证券，基础资产为契约型私募基金份额，私募基金份额收益来自其基金资产中写字楼的租金收益和未来资产增值收益。

与传统 ABS 项目不同的是，恒泰浩睿—海航计划采用了"专项计划＋私募基金"的"双 SPV"架构。在通过资产支持专项计划发行的同时，引入契约型基金对基础资产基于的项目公司进行收购、持有、运营和管理。具体安排上，由管理人恒泰证券发起设立恒泰浩睿海航计划后，再由该专项计划收购并实缴"恒泰浩睿—海航浦发大厦私募投资基金"的全部基金份额。私募投资基金的管理人是恒泰海航（北京）投资管理有限公司，由恒泰先锋投资（恒泰证券全资子公司）与海航投资共同出资设立。采用双 SPV 架构主要是为了实现资产和信用增信主体的风险及法律上的隔离，实现对标的资产的间接持有和最终控制，同时为未来 REITs 公募化退出留出操作空间。该计划采取分层安排，分为 A 和 B 两类，两类规模分别为 15.31 亿元和 9.69 亿元，两类发行利率分别为 5.3% 和 6.9%。分层还通过添加票面利率调整、回售选择权、流动性支持、优先收购等含权组合安排实现了具有期限交替特征的退出机制。风险控制方面，该计划引入海航实业的流动性支持、海航集团担保以及评级下调的优先级证券清偿机制。

三、本章小结

从 2016 年监管部门修订和发布《证券公司风险控制指标管理办法》《证券期货经营机构私募资产管理业务运作管理暂行规定》等，到 2017 年 2 月监管部门合力酝酿制定大资管统一监管文件草案——《关于规范金融机构资产管理业务的指导意见（征求意见稿）》，一系列政策均表明国内资产管理行业统一监管趋势明朗。统一规范、防范风险也将成为未来一段时间证券资管行业的首要任务，通道业务、委外业务将大幅萎缩，部分违规操作和灰色地带将逐步清除。通道业务将逐渐退出历史舞台，规模收缩将不可避免地带来短期的"阵痛"，中长期则将倒逼通道业务向主动管理业务转型，投研能力将成为评价券商资产管理业务的重要指标。

展望未来，证券公司的资产管理业务可能继续向着提升主动管理能力和深耕资本市场两个方面发展。在大资管行业统一监管的背景下，不同资产管理机构间的竞争合作将进一步加剧，如何探索差异化发展之路是资产管理机构必须思索的问题。从管理方式来看，证券公司在主动管理能力方面具有天然优势，主动管理型产品将是未来的发展重点，投资能力、产品设计能力的提升是关键所在。同时应当注重整合资源，联合金融同业，完善产品线，搭建金融产品服务的综合化平台。从投资范围来看，资本市场业务是券商资管的优势所在，未来集合产品的投资重点应由非标转向股票质押、定增、并购等资本市场板块。此外，资产证券化业务也将成为券商业务的重要着力点之一，但这需要加强与商业银行的合作，充分利用银行的企业客户资源。

第六章 | 基金业资金流向及其机制分析

一、2013～2016 年基金行业概况   101

二、资金来源与流向   104

  （一）资金来源   104

  （二）资金流向   106

三、资金流向机制分析   109

  （一）金融机构间资金流转模式——委外业务   109

  （二）私募基金与互联网金融合作模式   115

  （三）政府引导基金模式   118

四、行业展望及政策建议   122

近年来，基金行业资产管理规模大幅飙升，截至 2016 年底突破 30 万亿元，行业结构也发生了显著变化。一方面，公募基金业务的规模占比持续下降，而非公募基金业务得益于相对宽松的货币政策环境和资产管理业务的制度红利，其规模占比上升至 73%；另一方面，资金来源与资金流向均呈现单一化趋势，资金在金融机构间兜转的怪象愈发频繁。基金子公司专户业务中，近六成资金来源于商业银行，近四成资金又以投资各类资产管理计划等形式流向金融机构。资产配置方面，以主动管理方式为主的公募基金和基金公司专户业务集中于债券类固定收益投资，以通道业务为主的基金子公司专户业务则聚焦非标资产投资。结构的失衡伴随着模式的创新，基金公司与其他机构及地方政府的合作不断升级，出现了包括"私募基金＋互联网金融"的合作模式以及体现产融结合的政府引导基金等。业务模式的创新在发挥积极作用的同时，也滋生了监管套利和道德风险，造成风险累积。私募基金与互联网金融的结合突破了监管对合格投资者的法律限制。政府引导基金则多以地方财政为社会资本提供隐形担保，演变成地方政府的变相融资工具。

一、2013 ~ 2016 年基金行业概况

近年来，我国资产管理行业飞速发展，出现若干新特征、新趋势，也面临新的挑战。2013 年以来，基金行业开启了新一轮增长的浪潮。2014 年和 2015 年，主要得益于股债双牛行情和监管制度红利的驱动，基金行业的总资产管理规模均实现成倍增长。2016 年，受监管政策转向和市场环境变化影响，基金业资产规模增速放缓，尤其是基金子公司业务规模增量下降、增速大幅放缓。截至 2016 年底，中国基金行业总规模达 33.94 万亿元（见图 1），同比增长 30.2%。2013 ~ 2016 年，基金行业的结构发生显著变化。公募基金业务规模占比持续下降，由 2013 年的 54.6% 下降至 2016 年的 27.0%；非公募基金业务[①]的规模占比显著上升。2016 年末，非公募业务的总资产规模达到 24.78 万亿元。其中，起步仅四年的基金子公司专户业务已经超越公募基金的业务规模。基金公司和子公司专户占比由 2013 年的 29.1% 上升至 2016 年的 46.0%，私募基金占比由 3.7% 上升至 23.3%。

本章作者：陈思杰，王伯英，杨屾。

[①] 非公募基金资产管理业务包括基金公司专户、社保基金和企业年金、基金子公司专户和私募基金。

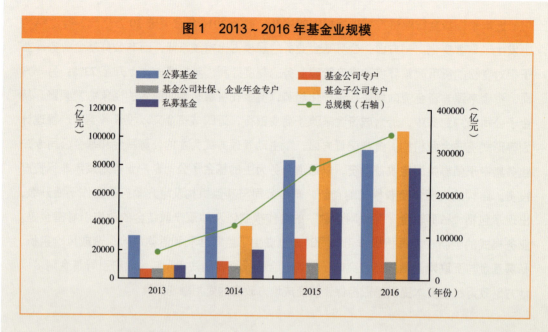

图1　2013~2016年基金业规模

数据来源：中国证券投资基金业协会。

　　具体到各子行业来看，近年来，公募基金业务的结构性变化主要受宏观经济和资本市场波动的驱动。截至2016年末，公募基金业务的资产规模达到9.16万亿元，同比微幅增加9.1%，远低于2015年85.2%的同比增速，增速下滑主要受资本市场波动影响。从产品类别来看，2015年货币市场基金和混合型基金规模的快速增长，带动公募基金资产规模再创新高，货币政策一再宽松、资本市场投资收益率上行、大众投资需求上升是主要原因。货币市场基金连续第三年成为第一大资产类别，混合型基金在近两年超越股票型基金，居第二位。2015年8月《公开募集证券投资基金运作管理办法》的正式实施显著改变了公募基金的行业结构，该办法将股票型基金最低股票投资比例由60%提高到80%。受该办法影响，部分股票型基金调整至混合型基金，对股票型基金和混合型基金的市场结构产生了较大影响。2016年初股票市场表现不佳，投资者风险偏好下降，从而导致资金分流，偏股型基金净值增量由正转负，固定收益类基金特别是债券类基金规模猛增（见图2）。

　　近年来非公募基金业务的爆发则主要源于制度红利。2007年11月，《基金管理公司特定客户资产管理业务试点办法》的发布标志着基金公司专户理财业务正式起步。2012年9月《基金管理公司特定客户资产管理业务试点办法》发布后，基金公司的投资范围进一步扩大，可以通过设立子公司来投资未通过证券交易所转让的股权、债权及其他财产权利和证监会认可的其他资产。2014年，证监会相继推出《关于进一步推进证券经营机构创新发展的意见》与《关于大力推进证券投资基金行业创新发展的意见》，明确提出"加快建设现代资产管理机构、支持产品创新、推进监管转型"的三大目标。随后，监管层下发《证券期货经营机构资产管理业务管理办法（征求意见稿）》和《关于规范证券公司、基金管理公司及其子公司从事特定客户资产管理业务有关事项的通知（征求意见稿）》。一系列利好政策重构了证监会所辖资产管理机构的监管框架，拓宽了业务边界。最初，基金子公司无净资本监管要求，这一制度红利使得基金子公司通道业务的费率远低于信托和券商资管机构。由此，基金子公司专户业务呈现爆发式增长，迅速崛起为商业银行委外业务的主要参与方。2015 年，基金公司专户、基金子公司专户及私募基金资产规模的同比增长率分别达到 132.9%、129.2% 和 147.4%。

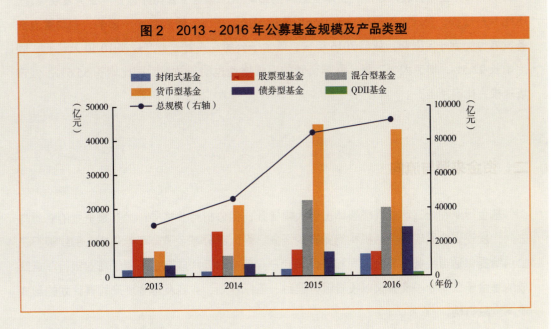

图 2　2013～2016 年公募基金规模及产品类型

数据来源：中国证券投资基金业协会。

　　2015 年，中国股票市场经历了牛熊转换。股灾爆发前后，监管部门关注到资产管理业务在监管套利、股市加杠杆等方面的风险隐忧，开始加强对资产管理业务的全面风险管理。2016 年 7 月，证监会正式发布《证券期货经营机构私募资产管理业务运作管理暂行规定》，从杠杆率、禁止资金池、预期收益率、规范投顾等层面对券商、基金和期货的资产管理业务进行统一约束。与此同时，银监会发布的《商业银行理财业务监督管理办法（征求意见稿）》明确要求银行理财投资的特定目的载体 ① （信托除外）不得直接或间接投资于非标债权，这对基金或基金子公司的通道业务造成重大冲击。2016 年底，证监会正式

————————————

① 特定目的载体包括但不限于其他商业银行理财产品、信托投资计划、除货币市场基金和债券型基金之外的证券投资基金、证券公司及其子公司资产管理计划、基金管理公司及其子公司资产管理计划、期货公司及其子公司资产管理计划和保险业资产管理机构资产管理产品等。

发布《基金管理公司子公司管理规定》及《基金管理公司特定客户资产管理子公司风险控制指标管理暂行规定》，明确了基金子公司的净资本监管要求，基金子公司正式告别通道业务红利。

受资产管理行业监管收紧和资本市场波动影响，2016年非公募基金业务的资产规模增速出现明显下降，尤其是基金子公司业务受监管政策影响更大。2016年，基金公司专户在股票市场低迷、债券市场前涨后跌、银行资金委外意愿较强的环境下，呈现出业务规模持续快速增长的特点。截至2016年末，基金公司专户业务管理资产规模5.10万亿元，同比增长70.4%。在监管政策趋严、资本金导向的影响下，基金子公司降低专户业务发展速度，压缩专户规模，管理资产规模呈现前升后降的态势。同时，受宏观经济影响，主动管理业务发展也受到一定限制。截至2016年末，基金子公司专户管理资产规模10.50万亿元，同比增长22.5%，增速大幅下降。私募资管的规模增速也明显放缓，同比增长55.6%，但市场规模占比有所上升。

二、资金来源与流向

基金行业在近三年的规模整体出现大幅提升，但分析行业格局，尤其是资金的来源与去向，发现资金呈现在金融机构间兜转的怪象。绝大部分基金子公司专户业务围绕银行资金供给提供通道服务。基金公司和子公司专户业务中，近六成资金来源于商业银行。近四成的基金子公司专户资金又以投资银行理财、信托计划、券商及基金资产管理计划的形式流向金融机构。

（一）资金来源

从管理方式看，截至2016年末，基金公司和子公司专户业务中的通道类产品规模达到9.07万亿元，占比58.1%。从资金来源看，基金公司和基金子公司专户业务中，直接来源于商业银行的资金规模达到9.15万亿元，占专户业务总体规模的58.6%，相当于银行理财资金余额的31.5%。来源于银行、券商、信托、保险及基金公司的规模合计为12.05亿元，占比77.2%。由此可见，基金公司和子公司专户业务已成为银行委外的重要渠道。

具体来看，2013年以来，基金公司专户业务中来自个人客户的资金占比显著下降，2014年为10.0%，2016年仅为4.4%。截至2016年末，58.1%的资金直接来源于商业银行，20.7%的资金来源于信托、证券、保险、基金，这部分资金可能间接来源于商业银行（见

表 1）。管理方式方面，主动管理业务规模呈现增长态势，通道业务继续保持较快增长，占比有所上升。2016 年底，基金公司专户主动管理产品规模 3.51 万亿元，同比增长 54%，占比 68.7%；通道产品规模 1.60 万亿元，同比增长 126%，占比 31.3%，上升了 7.6 个百分点。通道产品主要以银行委托为主，其中银基合作通道规模 1.05 万亿元。

表 1　基金公司专户资金来源与运用							单位：亿元
资金来源				资金运用（产品类型）			
	2014	2015	2016		2014	2015	2016
银行	6972 57.0%	17200 61.0%	27300 58.1%	债券类产品	4967 40.6%	14000 46.7%	30500 60.0%
信托公司	1245 10.2%	2249 8.0%	3176 6.8%	混合类产品	3369 27.5%	8560 28.6%	11300 22.0%
个人	1228 10.0%	2441 8.7%	2083 4.4%				
证券公司	361 2.9%	1156 4.1%	2473 5.3%	股票类产品	1738 14.2%	3782 12.7%	4693 9.0%
财务及保险公司	715 5.8%	1410 5.0%	2651 5.6%	现金管理类产品	1875 15.3%	1933 6.5%	2401 5.0%
企业客户	606 5.0%	1241 4.4%	2536 5.4%	QDII 类产品	262 2.1%	1259 4.2%	1884 4.0%
基金管理公司及关联人	259 2.1%	310 1.1%	1395 3.0%	其他	37 0.3%	390 1.3%	222 0.4%
其他机构	858 7.0%	2171 7.7%	5394 11.5%				
合计	12244	28178	47008		12248	29924	51000

数据来源：中国证券投资基金业协会。

与基金公司专户业务的投资者结构相似，基金子公司资金来源中银行委托资金规模的占比最大。截至 2016 年底，银行委托资金 6.42 万亿元，占比 63.1%，与 2015 年基本持平。19% 的资金来源于信托、证券、保险和基金，共 1.93 万亿元。来源于个人客户的资金占比由 2013 年的 27.7% 下降至 2016 年的 5.5%（见表 2）。子公司专户业务的管理方式与基金公司专户业务有所不同，通道类产品在基金子公司专户业务中居主导地位。截至 2016 年末，通道产品管理资产规模 7.47 万亿元，占比 71.1%，但受监管政策影响较大，增速大幅下降。

表2 基金子公司资金来源				单位：亿元
	2013	2014	2015	2016
银行	4208 44.7%	21100 56.3%	52900 63.2%	64200 63.1%
个人客户	2608 27.7%	7225 19.3%	7938 9.5%	5547 5.5%
企业	1120 11.9%	3746 10.0%	7720 9.2%	7157 7.0%
基金子公司及关联人		1260 3.4%	4723 5.6%	10300 10.1%
信托公司	311 3.3%	1393 3.7%	3737 4.5%	5522 5.4%
证券公司	565 6.0%	1159 3.1%	2490 3.1%	3432 3.4%
财务及保险公司		117 0.3%	103 0.1%	56 0.1%
其他机构		1426 3.9%	4124 4.9%	5459 5.4%
合计	9414	37426	83735	101673

注：2013年基金子公司专户企业持有包括企业和其他机构。

数据来源：中国证券投资基金业协会。

私募基金领域，由于发行产品的形式较为丰富，同时与基金专户以及特定资产管理计划存在重叠，统计上不能精准地体现资金来源的占比。但自2013年后私募行业的井喷式发展，以及类似于基金专户以及子公司产品的投资结构的频现，也可推断私募的发展与金融机构间的资金流转关系密切。

（二）资金流向

资金来源的结构性失衡决定了基金行业的大类资产配置也出现较为显著的单一化、集中化的特征。总体来看，以主动管理方式为主的公募基金和基金公司专户业务越来越集中于债券类固定收益投资，以通道业务为主的基金子公司专户业务则聚焦非标资产投资。

首先，从公募基金的资产配置来看，2013年至今，配向债券和银行存款类资产的比重明显上升，而配向股票的比重明显下降，在2015年底，银行存款和债券占比首次超过股票，成为前两大配置方向，这也反映出金融危机后，居民整体的风险偏好有所下降。

其次，从基金公司专户业务来看，截至 2016 年末，基金公司专户产品中，债券类产品规模 3.05 万亿元，占比 60%；混合类产品占比 22%，股票类产品占比 9%。借助于债券投资的优势和便利，在银行委外资金的驱动下，债券投资规模大幅增长。2014 年至今，债券类产品规模占比上升了近 20 个百分点，混合类产品规模占比略微持平，股票类产品规模大幅下降。从最终投向来看，基金公司专户业务以债券、股票、基金、同业存款投资为主。其中，投资债券规模 3.86 万亿元，配置比例高达 63.7%，投资股票规模 6826 亿元，达 11.3%（见表 1 和图 3）。

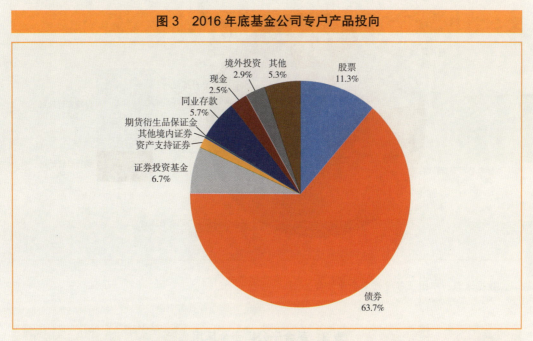

图 3　2016 年底基金公司专户产品投向

数据来源：中国证券投资基金业协会。

最后，在基金子公司专户业务领域，2016 年末，基金子公司投向非标资产的规模达到 8.87 万亿元，占比 82.8%。财产收益权和债权融资是其主要投资方式。财产收益权的主要形式为银行、信托、基金及券商等金融机构发行的各类资产管理计划，投资规模共 3.99 万亿元，占比 37.0%。具体分布见图 4。这进一步佐证了各类资产管理业务层层嵌套、互相交叉、资金在金融机构间兜转的现象，既导致资金链条增加和交易成本上升，又增加了金融机构间的风险传染。债权融资的主要形式为银行委托贷款、信托贷款和收益权、股权形式的债权，投资规模为 3.95 万亿元。证券投资规模为 1.38 万亿元，占比 12.8%，近几年呈现先升后降的趋势，主要受资本市场波动影响。从最终投向的行业分布来看（见表 3），资金主要投向金融机构、一般工商企业以及房地产。2013 ~ 2015 年，基金子公司专户业务投向金融机构的占比大幅上升，投向一般工商企业的占比大幅下降，表明资金"脱实向虚"倾向显著。在监管部门加强基金子公司风险管理和资本约束的影响下，2016年资金投向一般工商企业的占比略有提升。此外，受市场变化及监管因素的影响，投向房地产的规模占比持续下降，从2013年的31.0%降至2016年的12.0%。

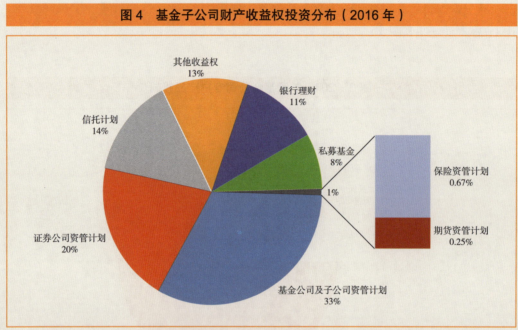

图4　基金子公司财产收益权投资分布（2016年）

数据来源：中国证券投资基金业协会。

表3　基金子公司资金运用

	投资方式Ⅰ（亿元）					投资方式Ⅱ（亿元）			
	2013	2014	2015	2016		2013	2014	2015	2016
财产收益权	3999 41.2%	14559 38.9%	35603 41.5%	39780 37.0%	金融机构	1553 16.0%	10128 27.1%	38061 44.3%	46667 43.6%
债权融资	4227 43.5%	15257 40.8%	27253 31.8%	39534 37.0%	一般工商企业	3495 36.0%	7154 19.1%	14363 16.8%	19470 18.2%
证券投资	436 4.5%	3637 9.7%	13478 15.7%	13809 12.8%	房地产	3009 31.0%	8544 22.9%	12402 14.5%	12834 12.0%
股权投资	710 7.3%	2542 6.8%	5992 7.0%	4030 3.8%	地方融资平台	874 9.0%	3324 8.9%	5278 6.2%	8640 8.1%
现金规模	228 2.3%	1257 3.4%	2128 2.5%	3105 2.9%	基础产业	776 8.0%	2399 6.4%	4897 5.7%	6249 5.8%

续表

	投资方式 I（亿元）					投资方式 II（亿元）			
	2013	2014	2015	2016		2013	2014	2015	2016
其他	107 1.2%	138 0.4%	1274 1.5%	6777 6.3%	其他	0	5842 15.6%	10726 12.5%	13174 12.3%
合计	9707	37390	85728	107034	合计	9707	37390	85728	107034

注：由于统计口径不同，2016年投资方式I中财产收益权投资包括商业银行理财计划、信托计划、保险资产管理计划、证券公司资产管理计划、基金公司及子公司资产管理计划、期货资产管理计划、私募基金和其他资产收益权。

数据来源：中国证券投资基金业协会。

三、资金流向机制分析

近年来，基金行业的资产管理规模大幅提升，但基金行业以专业化资产管理服务实体经济、创造价值的业务特征并没有得到充分体现。在产品结构上，整体创新的步调减缓，监管套利成为驱动业务发展的重要因素。尽管整体发展并不能完全称为良性，但以体现产融结合的政府引导产业基金为表率的诸多创新业务得以落地。此外，私募基金与互联网金融领域也出现一些新的合作模式，但大体仍互为通道，目的更趋于规避监管，伴随了更多潜在风险。

（一）金融机构间资金流转模式——委外业务

2014年至2016年，机构间资金流转的一个典型模式便是委外业务的扩张。公募基金整体业务包含专户及其子公司业务均呈现爆发式增长。根据对资金来源及投资去向的分析，发现高达六成以上的专户资金来自银行，而专户资金六成以上投向于债券市场或非标资产。可见，公募基金专户及子公司在业务层面扮演的实际角色是银行资金的"通道"，以委托投资的方式进入资金方的目标市场。除此之外，包括信托、保险公司及各类阳光私募亦可扮演委外投资管理人的角色，近3年资产管理规模的高速增长最主要的原因就是委外业务的大行其道。

1.银行委外投资业务的基本模式

委托投资业务，亦称委外业务，是指委托人将资金委托给外部机构管理人，由外部机构管理人按照约定的范围进行主动管理的投资业务模式。其中委托方，即资金提供方，主要参与主体为商业银行、保险公司、财务公司等金融机构。管理人，即实际进行投资并管理资金的运作方，参与主体主要为证券公司、保险公司、公募基金公司及子公司、阳光私募等具备特定资产管理能力的机构。

目前，委外业务资金的主要提供方为商业银行，资金属性为其理财资金及自营资金。委外业务的兴起主要源自近年来各类商业银行理财资金及自营资金规模的加速增长。一方面，商业银行缺乏与其资金相匹配的资产管理团队，因此委托外部投资机构就成为其一个重要的资产配置方式。另一方面，2013年银监会下发《关于规范商业银行理财业务投资运作有关问题的通知》，就理财资金投资标的、期限、交易方式、杠杆比率等各方面做出限制，导致部分银行仅依靠信用债持有到期的投资策略和自身的投资手段无法满足刚性兑付的资金收益需求。商业银行通过委外业务的管理方，满足了其自身投资的合理性，或参与了其自身无法直接参与的市场。

委外业务实际运行的表现形式，一般是通过基金公司、券商、保险公司或阳光私募所发行的某特定资产管理计划，某私募投资基金，在特定时点亦包括了某些公募证券投资基金的产品运行。从业务模式上看，委外投资业务主要有产品模式及投资顾问模式两种。委外业务模式被银行类金融机构普遍接受，始于城商行，后来股份制银行和国有银行也加入委外投资行列，借助外部机构的管理，以及外部管理人的投资渠道进行资产配置。在资金的属性上大行及股份制银行以理财资金为主，且运作模式基本为产品投资合作模式。城商行及农商行的自营和理财资金均有参与委外投资，以产品投资合作模式为主，以委托投资顾问模式为辅。委托资金均由外部金融机构管理，管理人层面以证券公司、基金公司、保险公司和阳光私募为主，部分银行亦以管理人的身份出现在委外市场。

2. 金融机构间的资金流转源于监管套利

近几年，委外业务通过金融工具尤其是以基金领域为代表的行业出现各种形式的打包、通道等业务运行。其中典型的业务形式就是基金的一对一专户，基金子公司以机构为主要投资者的特定资产管理计划，以及各种私募基金管理人通过契约型基金发行的私募基金产品。

简单分析下资金在金融机构间流转的核心形式，其实质是将存量于某一特定金融机构或金融领域的资金，通过基金发行或类似形式搭建的投资通道转移投资，并且由基金以及相关具备相同功能的机构扮演管理者。其中，扮演管理者的一方收取相关管理费，转移持有该笔资金并根据资金供给方的相应指令完成资金的投资。资金供给方从资产负债表的角度完成了相应的风险转移，但实际仍可以作为资金的实际控制人，同时与资金管理者就资金的转移投资等行为约定相关收益分成，从而获得相当可观的收入报酬。

资金的供应方追求收益与报酬，而资金的管理者追求管理规模，两者间的利益一致，整体规模也不断加速提升。此种形式的合作，将资金与投资相分离，在结构上确实能形成更好的治理结构，但实际投资效率和收益回报是否更优于原有资金投资方式，目前仍需要时间考证。此种模式的出现主要源自监管套利。2013年3月银监会下发的《中国银监会关于规范商业银行理财业务投资运作有关问题的通知》（"8号文"），被认为是银监会对现有银行体系内资金运用持续加大监管的一项标志性文件。该通知就银行对外投资的资产进行了标准资产及非标准资产的定性划分，其中对非标准化债权资产做出的界定使得银行自由投资选择的可能性大大降低，更重要的是对理财资金投资非标资产的规模进行总量控制。随后出台的更多细则亦强化了对银行资金运用的监管，使得原有经营模式难以为继。因此，银行类金融机构面临日趋增大的经营压力，叠加监管力度的持续加大，博弈的结果便是求助于外部机构，以降低监管对传统业务模式的影响（见图5）。而其中最好的合作伙伴，便是基金行业的各类金融机构，原因主要有三：首先，同为金融机构，基金行业容易满足银行内控对合作伙伴的筛选标准；其次，基金行业具备相应的资金管理条件；最后，基金行业与银行类金融机构分属不同监管体系，业务包容能力大于银行现有监管体系。

图5　跨监管体系套利示意

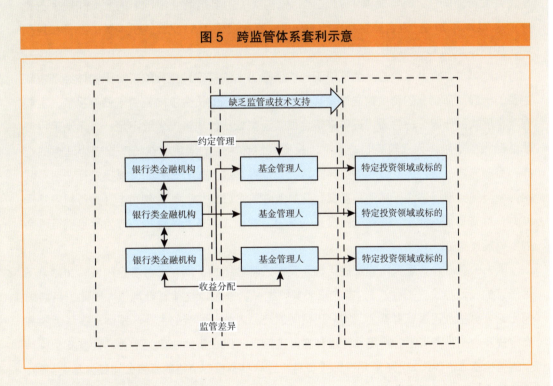

资料来源：作者整理。

综上分析，之所以在基金行业出现资金在各类金融机构流转的情况，主要原因是在国内扮演资金市场绝对主力的银行类金融机构，面临经营及监管的双重压力，存在寻求外部机构合作的迫切需求。而基金行业监管套利的可能性，为其打开了便利之门，从而使得大量通道类、委外业务激增，干扰了监管的实际效果，也加剧了某些特定领域的风险。

3. 基金公司参与银行委外的业务模式

委外业务的发展加剧了资金在金融机构间的循环流转，资产管理规模持续攀升，但投资领域日趋狭窄。以基金子公司专户业务为例，四成以上资金流向金融机构（以同业存款、银行票据等为具体投资标的），投向一般工商企业的比例则持续下滑。这表明大比例的资金在金融机构内循环，对实体经济并无明显促进作用，资金"脱实向虚"的情况有所加剧。基金子公司的投资变化是基金行业整体的一个缩影。

公募基金也是银行委外的重要方式之一。2016 年共成立 1151 只公募基金，其中定制产品高达 587 只。定制产品可广义地理解为对接银行委外业务的一般类型产品。从资产类别来看，纯债是 2016 年委外资金的主要流向。2015 年定制类基金主要集中在混合"打新"，而 2016 年则主要集中在债券基金（尤其是纯债基金）及混合"打新"基金。其中，债券基金共发行 407 只，募集规模 4492 亿元，机构类（主要是商业银行）的数量和规模占比分别是 74% 和 79%。混合基金共发行 569 只，募集规模 4555 亿元，机构类的数量和规模占比分别是 42% 和 22%。

由此可见，绝大多数的资金集中流向以债券为主的特定种类标的，对于实体经济中最主要的一般工商企业的资金输送微乎其微。如此高比例的资金流向集中于债券投资，主要有两个层次的原因。一方面，近年来资金面较为宽松，优质资产供给不足，为了满足投资收益回报的需求，创造较高收益水平，投资以债券为主的固定收益资产是较为理想的选择；另一方面，银行监管体系对债券回购及其他容易放大投资杠杆的交易模式存在诸多限制，使得各类银行聚焦于其他具备便利交易条件的金融机构。基金公司本身具备相应管理能力，且交易通道健全，并在相关投资领域的监管模式具备天然优势，成为承接银行资金的主要投资渠道。

国内公募基金普遍采用的法律结构为契约式基金结构，而在私募基金领域，2013 年 6 月修订的《证券投资基金法》，首次赋予契约型私募基金以法律基础地位。因此，目前国内无论公募基金还是私募基金，均采用相同的产品内核，两者的主要区别体现在基金的募集方式及合格投资者上。费用设计也存在一定差异。但在整体法律关系上，公募及私募基金的结构基本一致，如图 6 所示，即投资者通过与具备相应资格的基金公司签订基金契约，委托基金管理人对所归集资金进行投资管理，同时委托基金保管人对于资金进行监管。通过该结构，基金实现了资金归集并向特定投资领域投资的路径搭建，其约束条件为广义的监管要求及基金管理人与基金投资人在监管框架下相应的投资约定。因此，基金在整体资金流动上具备较为优越的治理结构及法律基础，为委外业务提供了基础业务平台。

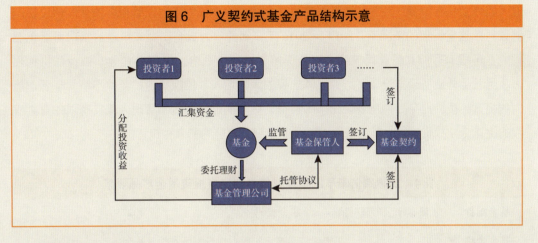

图6　广义契约式基金产品结构示意

资料来源：作者整理。

接下来以一款定制化公募基金产品——"工银瑞信泰享三年理财债券型证券投资基金"为例，分析基金公司参与银行委外的业务模式。从产品要素（见表4）中可以看到，该基金为普通开放式基金，基金在费率设置上与普通债券型基金一致，管理费为0.25%，托管费为0.05%。该基金设有封闭期，笔者经查阅公开信息并无获得明确封闭期信息，但基金命名上出现了"三年"之名，可见该基金运作存在相应的时限安排，这一点与一般开放式基金长期存续不同。从投资范围来看，该基金主要投资以债券为主的固定收益类金融工具，并承诺不主动买入股票等权益类资产，同时亦承诺在可转债领域仅投资可分离交易可转债的纯债部分，表面上该基金为典型的纯债型基金。值得注意的是该基金的投资策略，基金整体采用的策略为"买入并持有"，并且所持有的债券品种和结构在封闭期内不发生变化。这显示该基金在发行前就锁定了对应的投资标的，而基金命名中的三年亦可能与锁定的三年期债券相关联。

另外，就债券型基金投资所采用的一般策略而言，以银行为投资主体的金融机构为了确保预期收益的确定性，往往采用"买入并持有"的方式。这与一般基金公司的投资策略不同，普通债券型基金为了增强收益通常不会放弃特定时期内进行头寸转化带来的交易型收益。这进一步表明，该基金的管理策略是按照资金方的特定需求而设定的。同时，该基金在策略层面出现对杠杆策略的描述。增加杠杆是银行类金融机构目前在自身体系内无法实现的投资操作模式，这也正是银行委外业务增长的一大原因。与此同时，笔者查阅了该基金截至2016年12月31日的资产配置情况，该基金在封闭期内已经快速建仓完毕，其中债券比例高达97%，与该基金产品说明相一致。

该产品是比较典型的银行通过公募基金的通道进行产品投资而形成的委外业务，其他包括私募基金、券商资管、保险资管等机构进行的委外业务，其交易结构与模式也大抵类似。委外业务在"资产荒"的背景下产生，并经由分业监管下的监管差异催化。假设资产管理行业监管一致的情况下，2014～2016年，债券作为投资资金聚集地的状况可能仍旧相同，但极有可能其管理规模绝大部分仍留在银行体系内，而非由其他非银金融机构代之。尽管委外业务确实推动了行业整体规模的大幅增长，但规模的扩张并不等同于管理能力的提升。委外业务目前所表现出来的特征，更多的近似于赋予管理人极其有限的自主权限的类指令化投资，这与基金行业以管理能力创造价值的初衷相违背。

表4 工银瑞信泰享三年理财债券型证券投资基金产品要素

基金简称	工银泰享三年理财债券	基金代码	002750
基金全称	工银瑞信泰享三年理财债券型证券投资基金		
基金类型	债券型	成立日期	5/5/2016
基金状态	封闭期	交易状态	申购关闭，赎回关闭，定投关闭
基金公司	工银瑞信	基金经理	陈桂都 陆欣
基金管理费	0.25%	基金托管费	0.05%
首募规模	300亿	托管银行	宁波银行股份有限公司
投资范围	本基金的投资范围包括国债、央行票据、地方政府债、金融债、企业债、公司债、短期融资券、超短期融资券、中期票据、次级债、证券公司短期公司债、可分离交易可转债的纯债部分、资产支持证券、银行存款、同业存单、债券回购等固定收益类金融工具，以及法律法规或中国证监会允许基金投资的其他金融工具。本基金不主动买入股票、权证等权益类资产，也不参与新股申购和新股增发，可转债仅投资可分离交易可转债的纯债部分。		
投资策略	本基金以封闭期为周期进行投资运作。在封闭期内，本基金采用买入并持有策略构建投资组合，对所投资固定收益品种的剩余期限与基金的剩余封闭期进行期限匹配，投资于剩余期限（或回售期限）不超过基金剩余封闭期的固定收益类工具。一般情况下，本基金持有的债券品种和结构在封闭期内不会发生变化。1. 类属配置策略 类属配置主要包括资产类别选择、各类资产的适当组合以及对资产组合的管理。2. 信用债投资策略 本基金由于采用买入并持有策略，在债券投资上持有剩余期限（或回售期限）不超过基金剩余封闭期的债券品种。本基金投资于信用类债券，其债项评级应为AA级（含）以上，债券发行人上年末净资产应在10亿元以上。3. 杠杆投资策略 本基金将在考虑债券投资的风险收益，以及回购成本等因素的情况下，在风险可控以及法律法规允许的范围内，通过债券回购，放大杠杆进行投资操作。		

资料来源：工银瑞信基金管理公司。

（二）私募基金与互联网金融合作模式

近年来，私募基金的市场认可程度逐步提高，管理规模亦稳步提升。私募基金与互联网金融领域也出现一些新的合作模式。私募基金的强项在于投资，而以 P2P 业务为主的互联网金融的强项在于融资。尤其在 2015 年以来优质资产匮乏的背景下，二者实现完美结合。2016 年 10 月，国务院下发的《互联网金融风险专项整治工作实施方案》中，明确规定未经批准，互联网金融企业不得将私募发行的多类金融产品通过打包、拆分等形式向公众销售，"私募基金 +P2P" 模式被推上风口浪尖。根据证监会规定，由于私募基金通常具备高风险的收益特征，私募的合格投资者投资额度必须在 100 万元以上，且投资人需满足金融资产不低于 300 万元或连续三年年均收入不低于 50 万元等条件。因此，私募基金与互联网金融的"联姻"，本质就是为了规避对合格投资者的法律限制。笔者整理了市场上争议较大的典型模式。

1. 份额质押融资模式

该模式的一般交易流程与普通 P2P 相似，均有融资主体在对应互联网金融平台发布融资需求，平台的投资用户对其债权进行投资。但抵、质押物是私募基金份额或者其他金融产品份额（如信托计划、资产管理计划等），用其产品合同约定的投资金额以及承诺报酬为还款来源，同时将该金融产品的发行方作为增信。相应的份额由互联网金融平台第三方服务机构或者代持人持有，以确保资产处于可控状态（见图 7）。

该融资模式本质上是通过互联网金融平台的二次包装，将已经发行的金融资产通过互联网金融平台实现变现功能，同时将份额拆分，实现金融资产的二次流转。由于目前金融资产大部分均在不具备公信力的第三方登记平台登记，同时二次发行在本质上与原始金融产品设计产生差异，降低了投资门槛，因此，若产品本身出现兑付风险，将波及广大投资者群体，产生不良社会影响。

与此模式相类似，部分互联网金融机构为了使金融资产的拆分表现得更为合规，会与其他资产交易所类型的机构合作，将金融资产以挂牌的形式拆分为以金融资产为底层资产的受益凭证，在平台做二次销售。该模式的交易结构与前述模式类似，区别在于互联网金融平台的其他服务机构所扮演的角色为"持有"金融资产或"挂牌"金融资产。

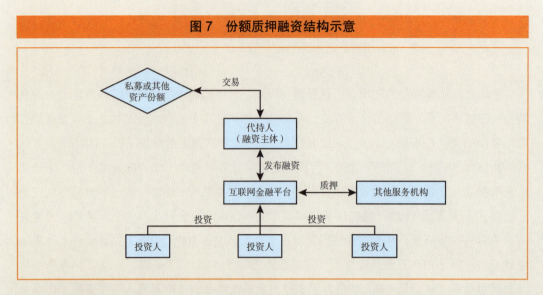

图7 份额质押融资结构示意

资料来源：作者整理。

2. 定向委托投资模式

该模式类似于团购，即由平台发起特定融资计划，将资金归集至特定融资主体，而该主体在形式上满足监管机构对合格投资者的相关认定。由该融资主体代表前述互联网金融平台投资人，向私募基金或其他金融机构进行相应产品的认购。最后由平台进行相应资金及份额的清算，完成金融产品的份额拆分。这种模式的实质是以团购的形式集资，由符合合格投资人身份认定的特定人代持金融资产，最后再拆解金融产品（见图8）。

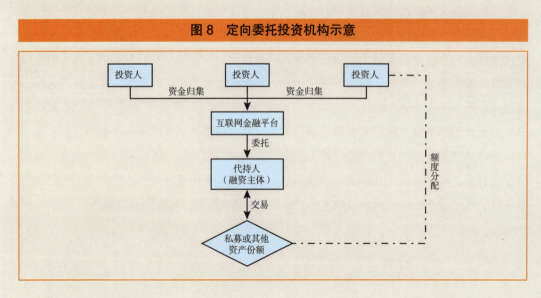

图8 定向委托投资机构示意

资料来源：作者整理。

此种模式下，平台本身或者代持人均有较高的道德风险。私募基金份额或者金融产品本身门槛较高，集资之后完全以该主体本身的名字进行产品登记和确认。若出现相应风险，集资的参与者很难主张其自身权利。另外，该模式亦极易滋生虚假投资标的，即平台虚构定向委托的投资产品，向平台的用户进行宣传，最终资金和资产安全均无法得到保障。

3. "假股假债"模式

此种模式出现的原因在于监管层对私募基金投资的细分化限制，即不鼓励私募股权基金进行债权投资或"明股实债"的相应投资，以及互联网金融平台所发行的债权投资应当满足小额分散的原则。运用该模式的机构，实质目的是规避监管。

该模式融资由两部分组成，一方面，首先由私募基金发起设立某基金产品，向保理公司或者融资租赁等类似机构以股权投资的方式进行增资扩股，完成私募股权基金的合规性备案。其次由保理公司向对应的标的公司进行债权投资，进行相关资产的抵、质押等风控措施，并完成资金投放。另一方面，保理公司向互联网金融平台发起再融资需求，平台投资者完成投资之后，由保理公司回购私募股权基金持有的自身股权，私募股权基金的投资人或过桥资金完成资金及利息的回收。同时由保理公司回收借贷资金的本金及利息，向平台投资者还本付息，完成整个交易流程（见图9）。

图9　"假股假债"结构示意

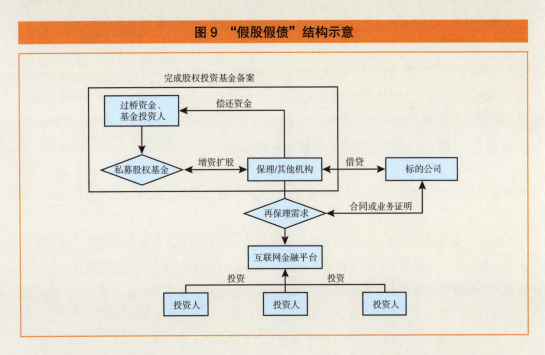

数据来源：作者整理。

此模式相对隐蔽，拆解来看，私募股权确实进行了股权投资，亦可完全满足目前监管的必要条件。而保理公司向标的公司进行借贷，或是保理公司通过互联网金融平台完成再保理融资，均属于较为常见的业务。但是，此模式中，私募基金所进行的股权投资并非真正意义上的股权投资，此股非彼股，与股权投资的初衷背离。而保理公司本身也仅仅充当通道角色，帮助私募股权基金完成贷款的发放，因此其债权也并非基于保理公司自身对债权类型资产的风控，其互为通道，似乎利益一致，但实际却为"假股假债"。

综上所述，私募基金与互联网金融的合作尽管满足了模式参与各方的利益诉求，但巨大的信息"黑箱"极易滋生各类风险事件。笔者认为应当严格隔离此类利益交换，杜绝此类交易结构的盛行，让私募基金聚焦专业，使互联网金融回归普惠。

（三）政府引导基金模式

政府引导基金指的是由政府部分出资，同时吸引金融机构、专业投资机构和社会资本，发起并设立的专项基金，基金以股权或债权等方式投资于新兴产业、国企改革、城市开发建设等领域，支持地区经济发展。政府引导基金既属于市场化运作的基金，又具备政策指引作用，因此不能被视同为一般机构所发行的私募类基金。政府引导基金一般采用私募方式运作，根据设定目标及投资策略的不同，具备创业引导、股权投资、产业引导、城市开发建设基金等多重属性。另外，政府引导基金亦具备FOF母基金的特征，增强了财政资金的杠杆效用，对支持地方产业以及服务区域经济特色发展具备独特的优势。

1. 政府引导基金交易结构

2014年以来，政府引导基金的爆发式增长主要源于其作为地方政府的新型融资工具的作用得以充分发挥。2014年末，国务院先后发布《关于加强地方政府性债务管理的意见》（"43号文"）和《关于清理规范税收等优惠政策的通知》（"62号文"），规范地方政府举债行为，明确指出不允许地方政府通过补贴、税收优惠等方式直接扶持企业。此后，各地政府将原来的政府补贴改成政府引导基金模式，旨在通过市场化的运作提高财政资金的使用效率。

以产业引导基金为例，表面上以股权的形式介入项目公司，是表外融资，不增加地方政府债务。但实际运行中，地方政府一般都对其他LP（有限合伙人，主要来源于以银行表外理财为代表的资管产品）提供隐形担保，以土地、房产、股权等为抵、质押物，名为股权实为债权。除了投资实体企业外，部分政府引导基金将资金大量投向基础设施建设，例如城镇化建设基金、基础设施产业投资基金、PPP基金等，成为地方政府的新融资平台。更有甚者，某些产业基金项目的需求并不真实，引导基金彻底沦为地方政府变相融资的工具。为了防范地方政府的隐性债务风险，2016 年 4 季度开始，中央政府出台一系列收紧政策 [①]，禁止地方政府对引导基金的隐形担保，明确要求地方政府不得以借贷资金出资设立各类投资基金，地方政府参与 PPP 项目或设立政府出资的各类投资基金，不得对社会资本方承诺回购、承诺担保或最低收益，不得对有限合伙制基金等股权投资方式额外附加条款变相举债。

政府引导基金在法律结构上一般采用有限合伙的形式，基金整体存续实际一般在 5 年以上。在资金结构上一般采用平层及结构化两种模式，由政府结合外部合作机构形成资金平台，再聘请外部管理机构对基金整体投资进行事务管理，而在整体基金资金管理上普遍以银行扮演第三方独立托管人角色以确保资金安全。由于政府引导基金往往会投向多个行业领域，因此通常以整体政府引导基金为平台，下设多个子基金投向不同领域。而在子基金范畴，其运作更为市场化，结合被投资领域的特点独立运行，政府引导基金本身成为子基金的投资人，亦可为子基金提供相应增信，增强基金市场化融资能力（见图 10）。

图 10　政府引导基金平层结构示意

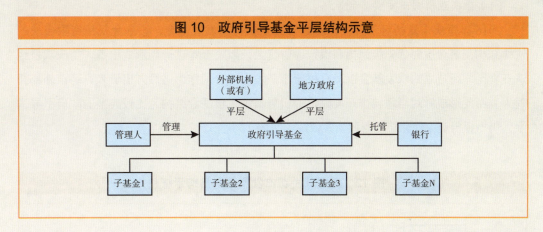

资料来源：作者整理。

由于政府引导基金规模一般较大，仅仅依靠财政收入以及外部机构资金以平层方式归集对当地财政具有较大压力。因此在实际运行中，政府引导基金往往会采用结构化形式进行基金设立。在此结构下，引入银行及其他金融机构以优先资金的形式参与政府引导基金的设立。劣后级的出资人与优先级资金约定相应收益及期限。此种结构下，专项财政资金的作用将通过资金杠杆放大，有利于形成一定的管理规模以进行更广领域的投资（见图 11）。

[①] 2016 年 11 月，国务院办公厅发布《地方政府性债务风险应急处置预案》（"88 号文"）；2016 年 12 月，财政部出台《地方政府性债务风险分类处置指南》（"152 号文"）；2017 年 5 月，财政部等六部委发布《关于进一步规范地方政府举债融资行为的通知》（"50 号文"）。

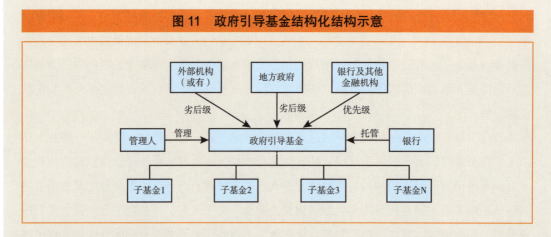

图 11　政府引导基金结构化结构示意

资料来源：作者整理。

2. 政府引导基金典型案例

（1）重庆双桥城市发展基金

2016 年重庆市双桥经济开发区发起设立双桥城市发展基金，该基金采用有限合伙的法律结构，资金层面优先级为招商银行理财资金，以资产管理计划形式出资。重庆双桥经济开发区先行成立的双发基金以及双桥城市开发投资公司作为劣后方出资人，聘请外部管理人。由此形成针对当地城市开发建设的引导基金。该基金结构为比较典型的政府引导基金，借力银行资金优化当地财政资金效能（见图 12）。

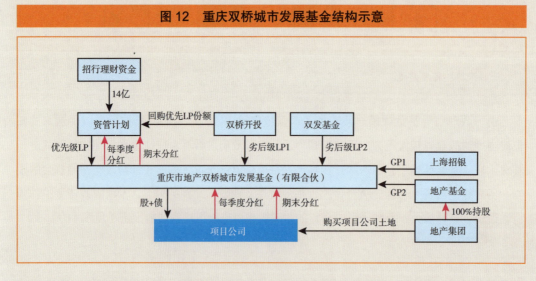

图 12　重庆双桥城市发展基金结构示意

资料来源：作者整理。

（2）南宁明匠智能制造产业投资基金

南宁明匠智能制造产业投资基金存续期为 4+2 年，主要投向工业 4.0 领域中的智能制造服务企业，委托珠江西江产业投资基金管理，上海通川投资管理有限公司担任基金投资顾问。分配顺序为优先级、中间级及劣后级，优先级合伙人预期年化收益率为 6.35%。该基金是较为典型的"政府引导＋产业助力"模式。其中，上海明匠智能作为智能制造行业的领军企业，除在资金上的支持外，更多地在产业引导基金中注入智慧资本，助力被投资企业的技术提升。而南宁投资引导基金作为当地政府的引导基金将注入政策优势。以基金模式运行，通过结构化进行市场资金募集，将进一步优化基金的资本结构，以释放有限的财政资金，撬动更多相关领域企业的投资（见图 13）。

该基金是产融结合的一个典型产品，通过政府引导、产业助力的模式，以基金的形式开展，可以很好地协调各参与主体的资源，形成优势互补的运作环境。目前该基金处于运行初期，期待其实际运作能与预期设定一致，有效解决系统集成的主要痛点，改善企业现金流，形成积极的示范效应。

图 13　南宁明匠智能制造产业投资基金结构示意

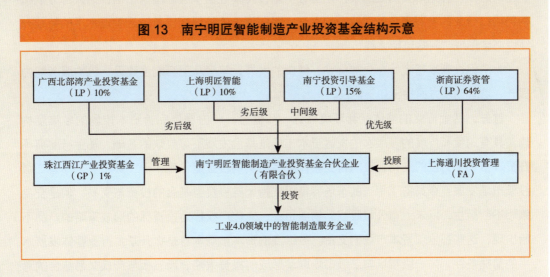

资料来源：作者整理。

综上所述，政府引导基金的出现为市场资源配置及政策实施提供了一个良好的平台，解决了政策落地与市场各方面资源互补的问题，而近几年的发展也确实助力了区域特色经济的建设，促进了各地方区域特色化产业的建成，形成了良好的局面。然而，不可否认的是，对政府引导基金的监管存在一定的缺失。由于政府引导基金将政府信用释放至市场化的基金中，可能会造成某些基金或子基金模块利用政府信用进行套利，产生不必要的道德风险。而政府对于专业化基金管理缺乏相应人才，只能依靠外部机构的支持，因此事前风险管控及基金事中监督均有一定瑕疵。尽管各地方政府引导基金均有上级主管部门进行监督，但在目前基金规模迅速扩张的状况下，执行的有效性可能大打折扣，亟须引入第三方审计机构对基金运营的整个环境进行实际监督。

四、行业展望及政策建议

中国基金行业从 2006 年政策、制度初步成型，至 2016 年，已经历十个年头。行业整体在业务模式上从证券投资逐步发展成型，出现了以股权、房地产、海外资产等资产作为投资标的的各类基金产品，渗透市场经济的方方面面。在管理规模上，从初期行业整体规模不足千亿元，到如今超过 30 万亿元的市场规模。然而，在泛资产管理的大环境下，基金行业似乎出现了做大与做强的博弈，部分机构仅以规模论英雄，忽视了作为资产管理核心优势的管理能力的提升。考虑宏观环境的影响，这种行为很可能是无奈之举。毕竟市场化的运作，首先需要满足的条件是生存下来，持续经营下去。笔者相信，绝大部分的机构仍明白行业的发展来自管理能力的提升，明白庞大的管理规模若缺乏管理水平的持续升级，必会形成"阿喀琉斯之踵"。

为了促进未来基金行业更加良好、健康的发展，笔者从配套制度建设、机构服务能力提升、监管制度方面提出如下建议。

首先，基金行业的整体配套环境需进一步健全。一方面要完善资本市场的多维度构建，具有深度和广度的多层次的发达资本市场是基金发展不可或缺的基础。基金行业离不开资本市场全方位的支持，目前行业整体绝大比例的资金运作集中于二级市场。尽管二级股票市场发展至今具备了相当的市场容量以支持证券投资类基金的投资与交易，但是交易策略不断衍生，以未上市公司股权、物业租金、文化产权作为投资标的形成策略的产品不断出现，这些都亟须资本市场的支持。多维度的资本市场本身是提升基金行业整体发展水平的前提条件，如一级市场与二级市场联动形成的投资策略、新三板与产权交易结合的跨市场策略等才有执行落地的可能。另一方面要增加基金行业多方面的参与者。目前基金行业参与主体主要是管理人及作为服务商角色的其他传统金融机构，而在其他支持领域，如行政管理、基金评级、基金清结算等，缺乏专业的第三方服务机构。参考海外基金行业的发展，第三方专业服务机构作为市场参与不可缺少的主体，可以帮助行业更为高效地运转，同时帮助管理人聚焦于策略研发及管理能力的提升，降低基金管理人的行政管理成本。

其次，基金行业整体需要提升服务能力，形成行业内部梯队体系。一方面，需要加大产品创新研发的投入。基金行业目前整体仍以证券投资为主，导致基金行业，尤其是公募基金，陷入同质化竞争的焦灼状态。基金行业本身应当是多元化的，投资标的不应当拘泥于某一特定领域，而应通过大类资产配置形成差异化竞争的可能。目前许多公募基金公司已具备了资产管理子公司，考虑子公司与公募基金母公司在资产管理方面的配合，形成创新产品研发平台的策略，值得管理人重视。另一方面，形成公募与私募的配合与联动。公募基金与私募基金目前存在一定的竞争关系，双方产生了争夺优秀基金经理、争夺资金的局面。但笔者认为，公募与私募可以形成更为良性的互动，以梯队配合发挥各自优势。如，公募基金天生具备更健全的交易平台和研究体系，以此形成管理人孵化平台，通过基金专户筛选优秀的基金经理、验证策略等，由此形成公募体系中追求绝对收益的私募亦是可能。而私募体系具备灵活、高效的特征，较易捕捉特定时期的交易型机会，这与公募基金产品大体的风险收益特征有一定差异，适合的投资者亦有不同。总而言之，公募及私募体系本身具有特定差异，若产生更良好的联动，形成差异化竞争格局，亦可互为服务对象，对行业整体发展定有诸多益处。

最后，在基金行业的监管方面，笔者认为首先要明确监管目标，转"监管即禁止"为"监管或鼓励"的思维。纵观近年基金行业资产管理规模的大跨步增长，其中一个原因便是不同监管主体对监管目标的设定不统一。目前基金行业作为资产管理行业中的一个重要环节，其业务本身体现出的一个很大特征就是跨领域。而目前的分业监管体系使监管协调存在一定难度，容易造成对同类业务的监管不一致。因此，笔者认为在监管政策执行前应统一设定监管目标，由不同领域监管机构根据自身行业特点设计监管细则。同时，在监管目标中应当设定方向性指导，如监管鼓励行业发展的方向，不鼓励所从事的业务类型等，这有利于基金行业的各参与主体更好地理解监管目标，结合自身优势，实现良性发展。进而，监管应当注重行业整体发展的实时监测，而非待某一特定资产规模超过一定范围或某一业务手段形成行业趋势后再实施特定监管细则。在技术上，目前可通过相关行业自律组织对基金运行数据——基金规模、运行业绩、资金来源、投资去向等方面——进行数据收集，并利用大数据技术进行实时监测。当行业出现某些特定倾向并与监管目标不相符时，可以借助窗口指导等方式向特定管理人进行业务提示，为具体监管细则的推出或修正留出必要的时间，同时丰富监管执行手段的多样性。

综上所述，基金行业的良性发展需要市场体系的基础性支持，还需要基金行业自身对自我价值的不断追求，以及监管体制、监管方式和方法的改革和完善。近年来规模的增长并不代表行业本身综合实力的真实提升，但每一步都是行业未来持续向前的必要积累。基金行业是资本市场的"弄潮儿"，是产融结合的开拓者。笔者相信，随着未来的发展，基金行业作为经济发展的基础支撑行业，定会深入影响市场经济的方方面面，成为支持金融、经济和社会发展的核心平台。

第七章 | 资管市场监管政策回顾与展望

一、资管乱象与监管历程　127

（一）资管市场乱象：资金"脱实入虚"　127

（二）资管市场监管历程：循序渐进　129

（三）资管市场监管："寡"与"不均"共存　130

二、现阶段资管市场分业监管　132

（一）银监会政策体系：穿透原则　133

（二）证监会政策体系：依法、从严、全面　135

（三）保监会政策体系："鸽笼式"雏形　136

三、资管市场监管趋势　138

（一）统一监管　138

（二）持续监管　139

（三）趋严监管　139

四、总结：市场需要什么样的监管　140

（一）监管框架：重点在协调机制　140

（二）监管理念：以功能监管为主　141

（三）监管工具：引入监管沙盒　141

自 2005 年银监会发布《商业银行个人理财业务管理暂行办法》及《商业银行个人理财业务风险管理指引》起，我国资产管理市场便逐渐步入探索发展、规范调整阶段。一方面，资产管理业务形态从银行理财、银行表外、表表外业务向"大资管"过渡，呈现出多主体、全生命周期等特征，行业规模大幅攀升；另一方面，资产管理市场也呈现出刚性兑付、多层嵌套、杠杆叠加等一系列乱象。这是资产管理业务创新发展过程中的必经环节，却也与所处的监管体制机制密切相关，为了引导资产管理回归本源，监管机构没有"因噎废食"，而是积极探索、推陈出新，以期实现市场监管与金融创新之间的平衡。

一、资管乱象与监管历程

自 2008 年起，我国银行理财业务开始呈现爆炸式增长。与此同时，其他形态的资产管理业务也迅速膨胀，尤其在 2012 年证监会、保监会推出一系列"去管制"新政之后，商业银行、券商、基金、信托、保险等机构均可以开展资产管理业务，我国逐渐进入了多元化、多层次的"大资管"时代。从业务主体看，商业银行在风险管控方面占据强势地位，券商在业务链条、资产管理、投研等方面实力雄厚，信托和保险公司则分别在投资范围、兼顾风险保障和税收优惠上优势突出，能够满足投资者的差异化需求。从业务特征看，"大资管"打破了业务边界、开启了混业经营之门，能够为投资者提供全方位的金融或非金融服务。但同时，大量资管资金在金融体系"空转"，这既是市场主体受利润驱动行为的结果，也与所处的监管环境密切相关。

（一）资管市场乱象：资金"脱实入虚"

2016 年，在网下配售新股时，一些资管计划如券商集合理财、基金子公司、基金专户等涉嫌违规，申购金额远远超过自身资产规模；而在二级市场，大量银行理财资金通过券商、期货等资管计划进入股市，大幅推高杠杆比例；还有部分银行利用资管计划实现不良贷款"出表"，掩盖真实的坏账情况。类似的资管乱象层出不穷，归纳起来主要有如下几个表现，如通道业务、杠杆叠加、刚性兑付、资金池业务、多层嵌套、违规投资非标资产等。

对于处在探索阶段的资产管理机构而言，这些现象不可避免，毕竟获取高收益资产是其立足之本，然而，这也使得资产管理业务在成立之初便与影子银行体系关联起来。按照

本章作者：陈松威。

学界定义，各种游离于银行监管体系之外、可能引发监管套利和系统性风险的业务都可纳入影子银行体系，包括银行理财、同业业务、券商定向资管计划、保险资管业务等。在影子银行模式下，交叉业务广泛存在，由于不同类型资管机构面临松紧不同的监管政策，受到严格监管的资管机构会"借道"监管宽松的机构，层层嵌套、变相突破业务限制，大幅提高了资管产品、机构之间风险的关联性和传染性，也使资管业务逐渐成为信用体系扩张的重要组成部分。

尽管各监管部门多次规范资管资金投向，但通过多层嵌套、资金池业务模式、叠加杠杆等方式，资管机构依然能够有效规避业务限制。因此，随着资管业务的迅速发展，仍有大量资金涌入股市、房地产行业、产能过剩行业、地方政府融资平台、大宗商品等，甚至大蒜等小众商品也在炒作下呈现出资本轮动和行业潮涌现象。从效应看，资管资金以信托贷款、委托贷款等形式流向房地产市场，客观上制约了政府的宏观调控效果；资金进入产能过剩行业，影响经济结构转型升级及供给侧结构性改革进程；资金流向地方政府融资平台，引致地方政府债务增长过快，推高地方财政风险；而资金借助打新股、融资融券、定增、配股等方式进入股票市场，则催生了 2014~2015 年的"杠杆牛"及随后的股价异常波动。

资管业务及影子银行体系的大发展导致我国金融行业过度膨胀。自 2005 年以来，我国金融业增加值占 GDP 的比重持续上升，至 2015 年达到 8.5%，远远超过同期美国的 7% 和日本的 4.9%；从金融部门的内部融资规模看，2016 年已经超过 90 万亿元，在全社会信用总量（债务融资规模）中的比重高达 1/3，而同期实体经济债务融资中银行信贷的比重已经不足 60%[1]。

资管市场的繁荣还提高了非金融企业盈利工具的金融化程度。由于银行理财产品具备高收益、刚性兑付等特征，部分上市公司便将资金投向银行理财、定向资管计划等产品。按照银行业协会数据，2012 年银行理财产品认购资金中约 25% 来自非金融行业企业，如果将房地产投资收益也归为此类，则非金融企业依赖金融渠道获取利润的趋势将更为明显。据年报数据显示，2012 年约有 151 家非房地产上市公司具有房地产投资记录，其中多家企业由于主营业务利润下滑而将资金投向金融工具。例如 *ST 宁通 B，2016 年通过公开方式转让两套北京学区房，获得利润 2142.9 万元，基本抹平了上半年约 2110.9 万元的主营业务亏损。

资管资金的"脱实入虚"在外表现为货币总量与信用总量的严重分化，其中货币总量构成了银行负债端的主体，2016 年广义货币 M2 中居民和企业的存款只占到银行负债的 60%，即使加上纳入广义货币的"对其他金融性公司负债"，也不到银行负债的 70%；信用总量则是整个金融部门（含银行和非银行金融部门）对非金融部门的资产，包括境内外

---

[1] 殷剑峰："过度膨胀的金融业"，《财富管理》2016 年第 6 期。

信贷、非银行金融机构提供信用、非金融债券、银行同业业务的净额信用等，随着非金融部门的崛起和银行内部非传统银行业务的发展，信用总量自 2009 年便明显超过广义货币 M2，目前非金融部门的信用总量（债务融资规模）已经达到广义货币 M2 的 1.2 倍 [1]。与潜在的通货膨胀相比，信用总量膨胀导致的总体杠杆率上升更易引起系统性风险，我国的贷款/资本形成在 2009 年便已达到 70%，若不考虑可能存在的误差，则当年投资中源自经济总体的自有资本金只占 30% [2]。

总之，资管市场的创新与发展为银行等金融机构带来稳定的客户、资金及中间业务收入，也为投资者提供了丰富的保值增值工具，并在一定程度上支持了实体经济。但在一系列乱象制约下，大量资金进入金融体系"空转"，虽然提高了我国经济的金融化程度，却也使资管机构面临较大的信用风险、市场及流动性风险、法律合规风险等，加大了严守不发生系统性金融风险底线的压力。

（二）资管市场监管历程：循序渐进

随着资管市场一系列问题的逐渐显现，监管部门不断对制度框架进行补充完善，这一监管历程与资管发展阶段基本一致，总体上遵循了监管起步（2005~2006 年）、引导发展（2007~2009 年）、规范治理（2010~2011 年）、监管转型（2012 年至今）的变迁路径，监管内容也从最初的完善具体业务规定，到加强业务合规性和规范性，再到推动资管业务回归本质。

2005~2006 年，银监会正式将理财业务纳入监管范畴，相关制度集中在银行理财的定义与分类、业务管理体系、风险管理体系、监督管理等四个方面。例如，《商业银行个人理财业务管理暂行办法》（[2005] 2 号）、《商业银行个人理财业务风险管理指引》（[2005] 23 号）对理财业务的定义和管理体系、风险管理体系进行规定，《商业银行开办代客境外理财业务管理暂行办法》（[2006] 121 号）进一步规范了银行理财资金投资境外市场的行为。

随着理财业务的广泛发展，一些风险比较突出、社会反响较大的问题显现出来，例如机构经营不规范、误导销售等，对此，银监会在原有的制度框架下，对一些具体环节进行规范、引导。例如《关于调整商业银行个人理财业务管理有关规定的通知》（[2007] 241 号）、《关于进一步规范商业银行个人理财业务报告管理有关问题的通知》（[2009] 172 号）将理财产品的审批制转变为报告制，《关于进一步规范商业银行个人理财业务投资管理有关问题的通知》（[2009] 65 号）对理财产品的客户分层、销售起点进行了统一，并首次对理

---

[1] 殷剑峰："非银行金融部门的崛起"，《中国金融》2017 年第 7 期。
[2] 殷剑峰："货币、信用及关于我国 M2/GDP 的分析"，《中共中央党校学报》2013 年第 4 期。

财资金的投资对象做出明确规定，包括固定收益类产品、信贷资产、信托贷款、公开或非公开市场交易的资产组合、金融衍生品、集合资金信托计划、境外金融市场等，针对股票市场，理财资金不可投资境内二级市场公开交易的股票或与其相关的证券投资基金、未上市企业股权和上市公司非公开发行或交易的股份。

自2010年起，银信、银证、银保合作等创新层出不穷，银行借"通道"绕开信贷规模控制的趋势日益明显。银监会的监管思路从引导发展转为规范治理，相继出台《关于规范银信理财合作业务有关事项的通知》（〔2010〕72号）、《商业银行理财产品销售管理办法》（〔2011〕5号）、《关于进一步规范银信理财合作业务的通知》（〔2011〕7号）、《关于进一步加强商业银行理财业务风险管理有关问题的通知》（〔2011〕91号）等文件，从私人银行客户/高资产净值客户划分、销售管理、理财资金不得直接购买信贷资产等方面整治不合规行为和风险隐患。

进入2012年，刚性兑付、资金池模式、杠杆叠加等的潜在风险逐渐显现，银监会开始推动理财业务向资管的本质转型，此阶段监管范围涉及农村合作金融机构的资金来源及投资运用、规范理财资金投资非标债权资产、影子银行监管、理财业务行为规范、理财产品销售的分类管理等。2014年7月，银监会颁布《关于完善银行理财业务组织管理体系有关事项的通知》（〔2014〕35号），正式启动银行理财事业部制改革。之后，2016年《商业银行理财业务监督管理办法（征求意见稿）》将〔2005〕2号、〔2009〕65号、〔2013〕8号等十多份文件废止。

证监会、保监会自2012年开始放松并规范监管对象的资管业务，中国人民银行也于2017年1季度首次将银行表外理财增速纳入广义信贷增速考核，作为宏观审慎管理评估体系（MPA）的重要组成部分，从而达到"去杠杆、挤泡沫、缓释表外理财风险"的目标，针对大资管的"一行三会"监管制度体系逐渐丰富起来。

（三）资管市场监管："寡"与"不均"共存

2012～2016年，银监会、证监会、保监会先后出台20多份与资管相关的监管文件，对资管业务资金的投资标的等事项进行规范。但与日新月异的金融创新相比，资产管理市场监管仍存在一定程度的滞后，金融分业监管体制与混业经营之间也依然存在着矛盾。客观地看，尽管资管业务创新发展依赖市场化机制，但仍需要监管部门的合理引导，如果监管与市场之间的边界模糊，或者监管不力，势必无法阻挡监管套利、空转套利等现象的频繁出现。事实也确实如此，目前资管市场的诸多乱象都与分业监管体制密切相关，表现在如下四个方面。

其一，监管不均。进入大资管时代，银行、券商、保险、信托、基金等资管机构能够开展的业务类型呈现明显的同质化特征，客户对象、可投资的金融产品等也逐渐趋同，从而不同类型资管机构相互竞争、齐驱并进。然而，由于起点不同、业务发展程度不同，各类资管业务所受到的监管也存在较大差异，表现在两个方面，一是同一监管机构针对同一性质金融业务的监管不一致；二是不同监管机构针对同类金融业务的监管不一致。在业务趋同背景下，监管力度不均，势必会引致监管套利，受到严格监管的资管机构有动机通过产品嵌套拉长业务链条，规避资金端、投资端的监管规定，监管宽松的机构则沦为业务"通道"。从第一种情况看，银监会对银行理财、信托计划的投资标的规定了不同范围，理财资金可以通过对接集合信托计划，把投资标的从固定收益类资产、结构性产品、金融衍生品延伸至债券、股票等标准化产品，也可通过单一资金信托参与融资融券和期货交易、股权投资、投资非金融企业债务融资工具及央行票据等。从第二种情况看，"三会"之间的资管监管标准并不统一，券商资管可以通过集合资金信托投资未上市股权、物权、银行信贷等非标资产，甚至可以发放委托贷款。

其二，监管滞后。资管业务打破了银行、券商、保险等不同类型金融机构之间的分业经营限制，形成了跨业竞争、相互交叉、创新合作的行业形态。随着资管市场竞争加剧，资管领域的技术创新、产品创新、制度创新等层出不穷，尤其是投资标的的创新频繁且多次转换，以机构为主的金融监管无法及时关注到新问题、新情况，致使交叉领域的风险不断积聚。从监管层面看，原因之一为监管技术落后于创新，例如在多头监管下，资管产品信息统计系统割裂分散，难以形成统一共享的业务数据，严重制约监管信息的可得性、完整性，导致监管反应滞后；之二为制度供给落后，每份资管政策文件的出台，几乎都是被动跟随金融创新的进程，制度的弹性、前瞻性不足；之三为监管体制改革滞后，尽管"一行三会"之间具有金融联席会议制度，但协调机制并不成熟，在监管目标各异、信息沟通不畅的情况下，资管市场监管与宏观审慎政策框架之间缺乏协同性，如信息技术、数字化发展等趋势加强了资管业态与金融市场之间的联动性，资管监管需要汇率体制改革、资本账户开放等政策的配合，但目前彼此的协调与合作并不充分。

其三，监管缺位。面对日新月异的资管业务创新，监管部门应当与时俱进，但在一系列因素制约下，部分资管业务的监管长期缺位，无法支撑资管市场的稳定发展。一是法律缺位，资管业务适用的法律关系不明确、不统一，既有信托、代理，也包括有限合伙等，导致资管业务主体的权责边界不清晰，难以有效平衡各方利益，同时《证券法》缺少对"证券"功能的定义，导致与法律上"证券"功能同质的资管创新产品缺乏明确的法律界定[①]；二是监管理念不清晰，现行监管体系仍然秉持机构监管、行业监管的基本逻辑，而资管创新产品通常介于直接融资与间接融资之间，在"各管一段"的分业监管体制下往往陷入监管模糊地

[①] 巴曙松：《2016年中国资产管理行业发展报告》，中国人民大学出版社，2016。

带；三是宏观审慎监管长期缺位、微观审慎监管有效性不足，加剧了金融市场的投机行为，使资管市场监管的透明度、可预测性、独立性等受到限制。从实践中看，影子银行体系、资管创新业务等方面仍存在着大量的监管真空，尤其在通道类模式、资金池－资产池模式下的业务创新中，掩盖了资管业务的潜在风险。例如私募基金监管缺失，使一些基金从设计、发售到运作都存在违规现象，包括违规保本保息、反复融资、违规销售等。

其四，监管逃避。在分业监管体系下，不仅会出现监管割裂、监管竞争，还可能会形成被动监管、消极监管等现象，包括两种情况，一是对于分管监管对象，监管机构急于做大做强，尽管了解到业务风险，但也不愿意去打破格局；二是对于交叉领域、其他领域的业务监管，监管机构不介入，但也不允许其他监管机构介入自身监管领域。目前券商、期货、公募、私募公司发行的资管产品受证监会监管，银行、信托旗下资管产品受银监会监管，保险资管产品则属于保监会监管体系，在推动行业快速发展与行业审慎监管之间，各类监管机构经常处于互相矛盾的状态，使得监管行为呈现一定程度的扭曲。在实践中，"三会"希望做大行业规模、做强机构和市场实力，实际上充当了行业保护者的角色，如此便倾向于放松监管甚至逃避监管；分业监管也容易形成"地盘意识"，"三会"不希望彼此干预自己的监管对象，导致跨行业监管协调较为困难。显然，监管逃避有监管体制方面的原因，却也离不开监管机构在专业素养和服务意识等方面的欠缺。

总之，资管市场监管既"患寡"也"患不均"，如果出现监管真空，势必会掩盖整个资管行业的真实状况，误导市场主体对业务风险的研判；如果出现监管规则或标准不统一，资管机构会选择监管套利或空转套利，破坏公平、竞争的市场环境。现阶段资管市场的一系列乱象便根源于监管的"寡"和"不均"，若要整治资管乱象，监管体制改革必须"双管齐下"、共同发力。

二、现阶段资管市场分业监管

为了做大做强，银行逐渐向资管业务转型发展，券商、保险等金融机构也大力推动资管业务创新，但当所有类型金融机构都涌入时，资管产品层层嵌套、杠杆不断叠加，大量资金滞留在金融体系"空转"，陷入资管创新的"布雷斯悖论"（Braess's Paradox）[①]。针对这一悖论的监管思路有两点，一是禁止金融创新，如"沃尔克规则"禁止银行自营业务；

---

① "布雷斯悖论"是指在现有交通网络中增加一条高速路反而会导致整个交通网络更加拥堵。原因在于，原有交通网络的通勤成本较高，而新的高速路更快捷，结果所有车辆都选择新的高速路，打乱了原有交通网络的通勤流量，使整个通勤成本大幅增加。

二是摒弃现有金融业务中的不合理管制，推动金融监管体制机制的市场化改革 [①]。从我国实践看，"三会"形成了各具特色的政策体系，其中，银监会积极实施穿透监管，证监会秉持依法、从严、全面原则，保监会则形成"鸽笼式"监管雏形。

（一）银监会政策体系：穿透原则

如果说2004年是银行理财业务"元年"，那么2013年便是"转型元年"。自2013年起，银监会相继颁布《关于规范商业银行理财业务投资运作有关问题的通知》（[2013]8号）等多部规章制度，引导理财业务逐渐步入规范发展、理性发展、回归本源的道路。从这些监管制度看，针对银行理财的穿透监管集中在两方面，一是对理财资金的投资管理，二是对理财产品的销售管理。

银监会"8号文"对理财资金投资非标准化债权资产进行了规范，主要内容如下：其一，要求理财资金来源与投资标的物一一对应，清理资金池-资产池模式；其二，把所有不在银行间及交易所交易的资产统统归为非标准化债权资产，例如带回购条款的股权性融资等，基本把信托、券商、基金、产权类交易所挂牌产品都纳入管理；其三，对非标准化债权单独建账、管理和核算，既避免自有资金与理财资金混淆，也防止理财资金错位错配可能形成的风险；其四，将理财产品对非标准化债权的投资定向披露给理财产品投资人，限制银行通过久期、风险溢价错配等模糊理财资金投向；其五，将理财产品等同自营贷款，进行尽职调查、合规审查及贷后管理，增加银行投资非标的成本；其六，提出限额管理原则，设置理财产品余额的35%与上年度总资产的4%为红线"孰低"的严格标准，对非标准化理财产品进行总量控制；其七，限定理财产品必须由总行批准；其八，不准提供任何直接或间接、显性或隐性的担保或回购承诺，切断银行变相增信、进而通道的业务；其九，对此前没达到要求的进行追溯，比照自营贷款进行计提资本金以及风险资本；其十，构建比较严格的责任机制和实施时限。

"8号文"之后，银监会推出理财直接融资工具、理财管理计划，规定银行只能通过银行理财管理计划认购理财直接融资工具份额，并在登记之后，可以通过理财直接融资工具综合业务平台进行报价和转让；理财直接融资工具须与企业债权融资一一对应，单家银行所有理财管理计划持有任意理财直接融资工具的份额不得超过总份额的80%。理财管理计划使理财风险显性化、透明化，可以降低影子银行风险，也有助于明确银行理财的法律地位和转型方向。

2014年12月，银监会发布《商业银行理财业务监督管理办法（征求意见稿）》，推动预

[①] 殷剑峰："非银行金融部门的崛起"，《中国金融》2017年第7期。

期收益率型产品向净值型产品的转变，但之后被搁置，直至 2016 年 7 月被重新启动。新的《征求意见稿》废止了"8 号文"等十多份文件，主要内容如下：其一，完善理财业务风险隔离机制，并首次建立理财资产破产隔离机制；其二，对银行理财实行分类管理，根据投资范围将理财业务分为基础类和综合类，其中基础类理财产品可投资银行存款、大额存单、国债、地方政府债券、央票、政府机构债券、金融债券、公司信用类债券、信贷资产支持证券、货币市场基金、债券型基金等，综合类理财产品在基础类业务范围基础上，还可投资非标准化债权资产、权益类资产及银监会认可的其他资产；其三，禁止银行发行分级理财产品，并规定理财资金不得直接或间接投资本行信贷资产及其受／收益权，不得直接或间接投资本行发行的理财产品，不得直接或间接投资除货币市场基金和债券型基金之外的证券投资基金，不得直接或间接投资境内上市公司公开或非公开发行或交易的股票及其受／收益权，不得直接或间接投资非上市企业股权及其受／收益权，仅面向具有相关投资经验、风险承受能力较强的私人银行客户、高资产净值客户和机构客户发行的理财产品除外；其四，要求银行理财计提风险准备金，并规定每只理财产品的总资产不得超过该理财产品净资产的 140%；其五，统一理财产品信息登记时间，即"总行在理财产品销售前 10 日，通过全国银行业理财信息登记系统向银监会提交电子化报告，在理财产品终止后 5 日内完成终止登记"。

同业理财业务监管始于 2014 年，为了规范银行通过同业业务开展非标投资，五部委联合颁布《关于规范金融机构同业业务的通知》（［2014］127 号），规定"单家商业银行同业融入资金余额不得超过该行负债总额的 1/3"；银监会则以《关于规范商业银行同业业务治理的通知》（［2014］140 号）作为"127 号文"的配套性政策文件，明确了适用机构范围、业务范围、银行法人总部职责、专营部门的具体要求以及违规处罚等，同时也对同业非标业务进行规范，例如金融机构开展买入返售／卖出回购和同业投资业务不得接受和提供任何直接或间接、显性或隐性的第三方金融机构信用担保（国家另有规定的除外）等。

2017 年 4 月，银监会发布《关于银行业风险防控工作的指导意见》（［2017］6 号），明确了银行业防控风险的十大重点领域，包括信用风险、流动性风险、房地产风险、地方政府债务违约风险等传统风险，以及债券波动风险、交叉金融产品风险、互联网金融风险、外部冲击风险等非传统领域风险，并提出一系列风险防控要求，例如禁止同业投资进行多层嵌套等。之后，银监会发布《关于开展银行业"监管套利、空转套利、关联套利"专项治理的通知》（［2017］46 号）、《关于开展银行业"不当创新、不当交易、不当激励、不当收费"专项治理工作的通知》（［2017］53 号），要求银行自查"三套利""四不当"行为。2017 年 5 月，银行业理财登记托管中心发布《关于进一步规范银行理财产品穿透登记工作的通知》，要求银行每周五登记协议委外和资管计划截至上周日的底层资产状况，以推动资管计划产品净值化、信息披露透明化，并倒逼资管机构去资金池化。

总之，银监会对资金源于银行体系的通道业务、同业业务、交叉金融业务等，均按照

"实质重于形式"原则纳入全面风险管理，穿透监管力度不断加强。随着针对通道业务、理财业务的监管日趋严格，银行资管的另一形式——委托投资有可能快速增长，由于涉及银行与非银金融机构合作，银监会有必要未雨绸缪，引导银行尽快完善相关业务风险管控体系。

（二）证监会政策体系：依法、从严、全面

2012年，证监会先后颁布《期货公司资产管理业务试点办法》《证券公司客户资产管理业务管理办法》《证券公司集合资产管理业务实施细则》《证券公司定向资产管理业务实施细则》《基金管理公司特定客户资产管理业务试点办法》等制度，对期货系、券商系、基金系资产管理业务进行规范发展。

按照期货资管试点办法，期货公司可以专户理财方式提供资管业务，投资范围除了商品期货、金融期货、期权等衍生品外，还包括股票、基金、债券、票据、集合资产管理计划、资产支持证券等；期货资管产品的客户应当具备较强资金实力和风险承受能力，其中单一客户的起始委托资产不得低于100万元。

《证券公司客户资产管理业务管理办法》从六个方面放松了对券商系资管业务的限制：其一，取消集合计划的行政审批，实行协会备案管理制度；其二，按照集合、定向、专项资产管理对投资范围和资产使用方式区别对待，例如允许集合和定向资管计划参与融资融券、允许集合资管计划开展正回购等；其三，取消集合和定向资管计划双10%的限制，并豁免指数化集合计划双10%限制及相关关联交易投资限制；其四，允许集合资管计划份额根据风险收益特征进行分级、并在投资者之间有条件转让；其五，取消券商开展集合资管业务所需的资产规模限制；其六，允许券商办理登记结算业务，被证监会认可的券商还可提供资产托管服务。从投资端看，定向资管计划的投资范围由券商与客户合同约定，可参与融资融券，但不得违反法律法规；集合资管计划可投资于境内依法发行的金融产品及证监会认可的境外金融产品，但不得违规用于贷款、资金拆借、抵押融资或对外担保等，也不可用于可能承担无限责任的投资。从客户端看，定向资管计划单个客户的资产净值不得低于100万元人民币，委托资产应是合法持有的现金、股票、债券、基金、集合资产管理计划份额及证监会允许的其他金融资产；集合资管计划只面向合规投资者，累计不超过200人，单个客户参与金额不低于100万元，募集资金总额在50亿元以下，但不低于3000万元人民币。

经修订实施的《基金管理公司特定客户资产管理业务试点办法》允许基金公司设立专项资产管理计划投资"未通过证券交易所转让的股权、债权及其他财产权利"，并实行合格特定客户制度和备案制度。基金公司可提供单一客户特定资管业务、多个客户特定资管业务，其中，前者需要客户初始资产不低于3000万元；后者的客户不得超过200人，但单笔委托金额超过300万元的投资者数量不受限制，初始资产合计低于50亿元，但不得

低于 3000 万元（证监会另有规定的除外）。特定资管计划可投资现金、银行存款、股票、债券、基金、央票、非金融企业债务融资工具、ABS、期货及其他金融衍生品、"未通过证券交易所转让的股权、债权及其他财产权利"及证监会认可的其他资产，其中，投资于后两类的特定资管称为专项资管计划，需要基金公司设立专门的子公司。

随着券商、期货、基金系资管的发展，一些机构以"资管"之名行"信贷、投行或经纪业务"之实，例如通过结构化产品给优先级投资者提供保本安排、在产品内部间接配资加杠杆等。针对这些问题，证监会于 2015 年 3 月发布实施《证券期货经营机构落实资产管理业务"八条底线"禁止行为细则》，并在 2016 年颁布《证券期货经营机构私募资产管理业务运作管理暂行规定》（"新八条底线"），最终形成证监会的规范性文件，提高了法律效力、增强了机构约束力。"新八条底线"将私募证券投资基金管理人纳入监管体系，强调穿透核查原则、降低杠杆倍数、鼓励主动管理、规范销售管理等方面；"新八条底线"严控结构化资管计划杠杆率至 2 倍，并分类约束；重申禁止资金池业务，不允许不同资管计划混同操作；针对同一资产管理人设立多个同类型资管计划投向同一标的，实行穿透核查并计算投资者人数；从账户实名制、账户控制权、外接交易系统、设立伞型资管产品等方面禁止资管计划违法从事证券期货业务；严格控制投顾模式；为做好新旧规则衔接，"新八条底线"还对结构化产品等依照"新老划断"原则进行过渡安排，存续产品在合同到期前不得提高杠杆倍数、不得新增优先级份额净申购规模；到期后予以清盘、不得续期。2017 年 5 月 19 日，证监会在发布会上首次提及全面禁止通道业务、不得让渡管理责任，覆盖了券商资管、基金公司及子公司的通道业务，督促资管机构"去通道化"、提升主动管理能力。

针对基金子公司发展中的问题，证监会于 2016 年 11 月修订《基金管理公司子公司管理规定》，并发布《基金管理公司特定客户资产管理子公司风险控制指标管理暂行规定》，系统规制了子公司的组织架构和利益冲突，强化子公司定位和母公司管控责任，同时构建以净资本为核心的风险控制指标体系，增加风险抵御能力；规定还分类处理了基金子公司现有业务，引导行业回归资产管理业务本源，支持子公司依法合规进行专业化、特色化、差异化经营，培育核心竞争力。

总之，证监会对相关资管业务的监管起步较晚，但反应比较灵敏，针对行业中的新问题、新情况，能够及时给出政策引导。尤其是"新八条底线"的出台，从杠杆率、禁止资金池、预期收益率、规范投顾等方面对券商、基金和期货系资管进行统一约束，但"道高一尺，魔高一丈"，证监会对资管的监管仍任重道远。

（三）保监会政策体系："鸽笼式"雏形

保险资管监管起步较晚，但政策出台较为密集。2012 年 7 月，保监会发布《保险资金投资债券暂行办法》《保险资金委托投资管理暂行办法》《关于保险资金投资股权和不动产有关问题的通知》《保险资产配置管理暂行办法》四项新政，之后的 10 月份又连续发布《关于保险资产管理公司有关事项的通知》《关于保险资金投资有关金融产品的通知》《基础设施债权投资计划管理暂行规定》《保险资金境外投资管理暂行办法实施细则》《保险资金参与金融衍生产品交易暂行办法》《保险资金参与股指期货交易规定》等 6 项新政。这些政策明确了保险资管的市场地位，使保险资管进入大资管时代。

按照《关于保险资产管理公司有关事项的通知》，保险资管可以受托管理保险资金之外的资金，例如源于养老金、企业年金、住房公积金以及能够识别并承担风险的合格投资者的资金；保险资管可以接受客户委托以委托人名义开展资产管理业务，也可设立资管产品为受益人利益或特定目的开展资管业务；符合条件的保险资管可以申请开展公募性质的资管业务；保险资管可以按规定设立子公司从事专项资管业务。《保险资金投资有关金融产品的通知》规定保险资金可以投资境内依法发行的银行理财产品、信贷资产支持证券、集合资金信托计划、券商专项资产管理计划、保险资产管理公司基础设施投资计划、不动产投资计划和项目资产支持计划等金融产品。《保险资金境外投资管理暂行办法实施细则》使境外投资区域不再限于中国香港，而是延伸至 25 个发达国家和 20 个新兴市场国家，投资品种也在股票和债券之外新增了不动产、未上市企业股权、证券投资基金、股权投资基金等。《保险资金参与金融衍生产品交易暂行办法》《保险资金参与股指期货交易规定》使保险资管能够利用金融衍生工具。

为了加强资产负债协同管理、防范错配风险和流动性风险，保监会于 2015 年末发布《关于加强保险公司资产配置审慎性监管有关事项的通知》，主要内容有三：其一，设定标准，划定需要提交压力测试报告的公司范围；其二，资产配置压力测试，评估对资产收益率、现金流和偿付能力的影响；其三，对公司资产负债管理和压力测试情况进行审慎性评估，并视情况采取监管措施。通过建立保险资产配置风险排查和预警机制，有助于引导保险公司稳健经营。

2016 年 6 月，保监会颁布《关于加强组合类保险资产管理产品业务监管的通知》（[2016] 104 号），对保险资管和养老保险公司产品业务试点资质、产品基础资产范围、登记发行、禁止行为等给予明确说明。在集合或涉及保险资金的保险资管产品对接非标投资时，保监会限定了保险资管对接的非标投资，只能是自身的基础设施投资计划、股权投资计划、资产支持计划等；规定保险资管不得发行具有"资金池"性质的产品，严防保险资管产品因期限错配带来的流动性风险；禁止发行具有嵌套结构的产品，包括产品主要投资单只非公开市场投资品种，或产品定向投资另类资管产品，或产品定向投资同一管理人设立的产品等；禁止向非机构投资者发行分级产品；禁止向机构投资者发行分级产品，权益类、混合类分级产品杠杆倍数超过 1 倍，其他类型分级产品杠杆倍数超过 3 倍；禁止在产品下设立子账户形式进行运作；禁止未明确产品投资的基础资产具体种类和比例；禁止以外部投资顾问形式将产品转委托；禁止委托托管银行分支机构作为产品托管人（该机构已获得托管银行总行授权除外）。"104号文"有助于形成外部约束和内部监督相结合的产品业务管理模式，并可健全产品业务的监管和监测体系。

2017年4月，保监会参考银监会相关文件，发布《关于进一步加强保险监管　维护保险业稳定健康发展的通知》（"34号文"），从强化监管力度、补齐监管短板、坚持底线思维、创新体制机制四个角度规范保险市场。之后又通过《关于进一步加强保险业风险防控工作的通知》（"35号文"）进行细化。

总之，保监会逐渐形成了"放开投资权限、构筑风控底线"的监管思路，使"鸽笼式"监管模式呈现雏形。但需明确的是，保险资管市场主体的投资行为涉及多个领域，在保监会之外，还须满足银监会、证监会、中国人民银行等部门的监管要求，保监会应当积极建立健全保险资管协同监管机制。

三、资管市场监管趋势

监管套利、空转套利等乱象不断倒逼监管体制改革。2017年2月，一份据称由中国人民银行协同"三会"制定的《关于规范金融机构资产管理业务的指导意见（征求意见稿）》（以下简称《指导意见》）流出，引发业界的强烈关注。尽管正式文件尚未出台，但无论是资管市场创新需求、监管政策延续性，还是"三会"的官方回应，《指导意见》都在一定程度上反映出我国资产管理市场监管的趋势和方向。

（一）统一监管

《指导意见》统一了资管产品标准，包括合格投资者、登记备案系统、投资范围、区分公募和私募、托管、信息披露等；统一了非标资产口径，将投资者分为社会公众和合格投资者，并将合格投资者进一步划分为机构投资者和符合条件个人投资者；对所有资管产品杠杆实行统一，其中股票类和混合类、固定收益类、其他类结构化资管计划的杠杆倍数分别不得超过1倍、3倍和2倍；对同类资管产品设定统一的负债比例（总资产／净资产）上限，其中公募产品总资产不得超过净资产的140%，私募产品总资产不得超过净资产的200%，对单只产品按照穿透原则合并计算总资产；实行统一的风险准备金和资本约束，按照管理费的10%计提风险准备金，达资管产品余额1%后不再计提；数据报送央行统一监测，并实行统一监管——中国人民银行实施宏观审慎管理、"三会"等部门负责微观审慎监管。

（二）持续监管

《指导意见》的部分内容是现存监管政策的延续。其一，禁止资金池模式，资管机构不得开展或参与滚动发行、集合运作、期限错配、分离定价的资金池业务，确保资管产品期限应与所投资产存续期间相匹配，每只产品单独管理、单独建账、单独核算；其二，限制杠杆倍数，结构化资管产品投资于固定收益类或债券型基金比例不低于 80% 的杠杆倍数不得超过 3 倍，投资于股票类资产比例不低于 20% 的杠杆倍数不得超过 1 倍，其他类的杠杆倍数不得超过 2 倍，同时公募产品的负债比例上限为 140%、私募产品的负债比例上限为 200%；其三，双 10% 的集中度限制，单只资管产品投资单只证券或基金的市值不得超过净资产的 10%（私募产品除外），全部资管产品投资单只证券或基金的市值不得超过该证券市值或基金的 10%，以防止单一资产高度持仓风险；其四，打破刚性兑付，中国人民银行已将表外理财纳入广义信贷作为评估要素，未来保本理财将逐渐萎缩；其五，去通道化，金融机构可委托具有专业投资能力和资质的其他金融机构对外投资，但不能再次加通道，且委外需要实行白名单制；其六，《指导意见》实行"新老划断"，逐步规范不符合规定的产品，到期后不再续发，新产品则按新规定执行。

（三）趋严监管

《指导意见》从整体层面考虑，进一步严格了对资管产品的投资行为和销售行为的管理。其一，金融机构不得开展表内资管业务，不得承诺保本收益，尤其是银行理财，尽管落地难度较大，但政府打破刚兑的决心不容忽视；其二，公募产品不得投资未上市股权和金融衍生品，禁止资管产品直接或间接投资非标信贷及其收益权，禁止资管产品投资非金融机构发行的资管产品或管理的金融资产，尤其是地方金融资产交易所或交易中心发行的资管产品，投资非标准化债权类资产，应当符合关于限额管理、禁止期限错配等规定，逐渐压缩非标资产规模；其三，表外理财业务未来或者回归表内，或者转为净值型产品，资本约束与其承担的实际业务风险相匹配，资管机构应按照管理费的 10% 计提风险准备金，余额达到产品余额的 1% 时不再提取，主要用于弥补因金融机构违法违规、违反资产管理产品协议、操作错误或者技术故障等原因给资产管理产品财产或者客户造成的损失；其四，消除产品多重嵌套，除了 FOF 和 MOM 产品外，资管产品不能投资于其他资管产品，也不能提供扩大投资范围、规避监管要求的通道业务。

总之，《指导意见》的改革力度较大，实施难度也比较高。但无论其能否顺利出台，都无法改变统一、持续、趋严的监管趋势，也无法扭转机构监管向功能监管的转型方向。在分业监管体制下，监管套利、空转套利等资管乱象屡禁不止，未来能否推动资管业务回归本质，除了能否统筹完善监管协调机制，还要看监管政策能否将资管资金引导至服务实体经济的轨道上。

四、总结：市场需要什么样的监管

监管与创新历来都是一对矛盾体。2016 年以来，"三会"以实际行动表明了对资管市场的理解和态度，持续强化监管已经不可逆地成为未来一段时间内的主要特征。这一政策的效果立竿见影，资管市场的一些不当创新、监管套利等违规操作被清理掉，但同时，一些新的资管创新又涌现出来，例如智能投顾（Robo-Advisor）、固定收益证券、货币及商品（FICC）、网络理财等，在推动资管机构业务转型的同时，也给现行监管框架带来较大挑战。如此看来，"寡"与"不均"固然不行，监管过度也并非万能良药，适度才是维持两者平衡的关键，毕竟"一行三会"的职责在于"排雷"而非"引爆雷区"。

（一）监管框架：重点在协调机制

在混业经营趋势下，改革分业监管体制已经成为学界和市场的基本共识。但对于如何改革仍存在诸多争议，一些观点认为，"超级央行"将成为演变方向，央行下设金融管理局和综合监管委员会，既符合宏观审慎政策框架要求，又契合国际上"三个统筹"趋势；一些人士提出"双峰型"监管模式，其中央行负责维护金融稳定，金融监督管理委员会负责市场准入、市场行为等微观监管；还有一种观点呼吁保留"一行三会"框架但需进行微调。无论采用"超级央行"还是合并"三会"，比较实际的都是要确立高效率的资管监管协调机制。

2013 年 8 月，中国人民银行牵头的金融监管协调部际联席会议成立，在现行监管体制下协调金融监管工作，尤其是针对交叉性金融产品、跨市场金融创新的监管。但在运行中其更多的是一种信息分享和日常沟通平台，缺乏明确的落实机制。2017 年正在制定的《指导意见》是"一行三会"围绕资管业务进行的新一轮协同监管尝试，尽管政策力度很大，但实施难度也将很大，其能否打破部门利益和成见、形成通力合作仍有待进一步观察。

目前"三会"已经加强了管辖范围内的资管业务监管，但后者的混业特征也对监管协调提出更高要求。一是资管监管标准统一，包括资管产品标准、投资者适当性、杠杆率、集中度、风险准备金及资本约束等，这已在《指导意见》中体现出来；二是信息共享机制高效，设定资管机构需要披露的产品信息，按标准格式报送并纳入信息共享平台；三是部际联席会议的决策机制、议事规则、决策权限等清晰明确，并为"一行三会"制定统一的规则、标准和程序，逐渐形成部际联席会议做决策、各监管机构执行的监管格局；四是"一行三会"协同合作的意愿和意识强烈，通过适宜的激励约束机制引导各监管机构形成合力。

（二）监管理念：以功能监管为主

机构监管是当前一系列资管乱象的重要根源，要有效治理必须调整监管理念，从以机构监管为主逐渐转向以功能监管为主，无论监管框架如何设置，监管协调都应当以功能监管为基础。功能监管理论由默顿于 1993 年提出，主要针对分业监管体制下的监管缺陷，认为金融体系的基本功能不会随着金融创新而发生变化，故而基于金融功能或业务性质，便可对所有跨市场、跨行业金融产品划分监管主体和规则，对不同类型资管机构的类似业务实行统一监管标准，从而规避由监管重叠、监管真空导致的监管套利。

功能监管应当辅以机构监管、行为监管等，这既是监管理念转变过程的体现，也是现阶段国情下"各尽其长"的必然选择。随着混业经营趋势愈发显著，以机构为对象的监管范围逐渐扩大，单纯依靠机构监管愈发不适应新格局下的新挑战，但囿于"谁发牌照谁监管"的职责划分标准，机构监管仍有其优势。银监会已经开始探索功能监管与机构监管之间的有效协调机制，例如调整内设机构、归并功能监管事项。功能监管也离不开行为监管，即针对金融机构机会主义行为的监管，通过规范金融机构的行为性质，保护消费者合法权益。

功能监管还要充分发挥穿透式监管方法的作用，尤其是针对经过多个通道或嵌套的资管业务，透过资管产品的表面形态，将其资金来源、中间环节与最终投向等穿透连接起来，按照"实质重于形式"原则甄别业务和行为的性质，并根据业务性质和法律属性等明确监管主体和适用规则，对资管机构的业务和行为实施全流程监管。"三会"已就这一点达成共识，但囿于分散的金融基础设施、缺位的金控公司监管制度等，穿透监管难度较大，亟须完善一些便于穿透的条件，例如统一监管标准、构建资管产品统计监测框架、细划穿透制度等。

（三）监管工具：引入监管沙盒

在平衡金融创新与监管体系方面，监管沙盒具备了独特优势，可被引入资管业务的创新监管中。2015 年 11 月，英国金融行为监管局（FCA）发布监管沙盒（sandbox）报告，提出设立一个安全空间，并适当放松监管约束，使金融企业能够在其中测试创新的产品、服务、商业模式等而不会立即招致正常监管的后果，目前主要被应用于智能投顾的使用测试、对 FICC 复杂衍生品、网络理财产品投资组合等的风险监管。引入监管沙盒，在保护金融消费者权益、严防风险外溢的前提下，通过合理放宽监管尺度，鼓励更多资管业务创新方案变成现实，能够实现业务创新与风险防范的双赢。

监管沙盒还可以变被动监管为主动监管。长期以来，金融监管总是落后于金融创新，使"三会"在应对金融创新风险上"力不从心"，而依托监管沙盒，"三会"可以主动跟进资管业务创新的进展，既节省资管机构的合规成本，又可解决信息不对称问题。在事前，"三会"就监管沙盒的具体要求与资管机构商量确定，并为资管机构提供监管法规解读和政策指导，为其提交的创新产品和服务给予个性化指引；在事中和事后，资管机构需要向"三会"提交报告，使"三会"能够认清业务创新与风险情况，进而制定针对性、前瞻性政策。监管沙盒通过让"三会"在创新产品进入市场之前便了解潜在风险，并提前协调相应机制，降低产品进入市场后的监管协调成本，更有助于推动资管业务健康发展。从运行机制看，监管沙盒的主体仍可按照"谁发牌照谁监管"的原则确定，并可按照创新风险程度和资管机构的风控能力，将监管沙盒分为一般沙盒创新、虚拟沙盒创新和沙盒保护伞等三种模式。作为监管工具的创新形式，监管沙盒的具体制度仍处于不断完善之中，用于资管业务监管也可能只停留在理论探讨上，但其毕竟提供了一种适度监管的范例，随着实施条件的不断成熟，必将有助于形成资管监管的长效机制。

总之，为防范风险而加强监管势在必行，但也不能"因噎废食"、限制资管业务的正常创新，监管与创新之间应当形成一种动态平衡。对此，现行的一些监管改革是众望所归，例如统一监管、穿透监管、严管通道业务等。但同时，"三会"也要关注监管力度，通过优化监管框架、转变监管理念、创新监管工具等设定好监管的"度"，更有助于倒逼资管机构回归业务本源，合理引导资金流动。

图书在版编目（CIP）数据

钱去哪了：大资管框架下的资金流向和机制：中国
理财产品市场发展与评价：2013～2017 / 殷剑峰等著.
-- 北京：社会科学文献出版社，2017. 7（2018.3重印）
　ISBN 978-7-5201-1111-9

　Ⅰ. ①钱…　Ⅱ. ①殷…　Ⅲ. ①金融市场-研究-中国
-2013-2017　Ⅳ. ①F832.5

　中国版本图书馆CIP数据核字(2017)第152068号

钱去哪了：大资管框架下的资金流向和机制
—— 中国理财产品市场发展与评价（2013～2017）

著　　者 / 殷剑峰　吴建伟　王增武 等

出 版 人 / 谢寿光
项目统筹 / 恽　薇　王婧怡
责任编辑 / 王婧怡

出　　版 / 社会科学文献出版社 · 经济与管理分社 （010）59367226
　　　　　地址：北京市北三环中路甲29号院华龙大厦　邮编：100029
　　　　　网址：www.ssap.com.cn
发　　行 / 市场营销中心 （010）59367081　59367018
印　　装 / 三河市东方印刷有限公司

规　　格 / 开　本：889mm×1194mm　1/16
　　　　　印　张：11. 5　字　数：233千字
版　　次 / 2017年7月第1版　2018年3月第2次印刷
书　　号 / ISBN 978-7-5201-1111-9
定　　价 / 88. 00元

本书如有印装质量问题，请与读者服务中心（010-59367028）联系